Dictionnaire
du
Rite Écossais Ancien Accepté

Ouvrages de Jean-Claude Allamanche

Arthur Machen. Du Saint Graal au dieu Pan.

Fulcanelli, une énigme irrésolue ? Complément d'enquête.

La Lumière maçonnique sortant des ténèbres.

Les marques secrètes des imprimeurs de la Renaissance. Signes visuels d'un ésotérisme de métier.

Ouvrages de Jean Bartholo

La Franc-Maçonnerie et les défis du XXIᵉ siècle. Un renouveau spirituel ?

Méditations sur les hauts grades du Rite Écossais Ancien et Accepté. Préface de Jean-Pierre Cordier.

Méditations sur l'Espace et le Temps dans le Rite Écossais Ancien et Accepté. Loge symbolique – Hauts Grades.

Pourquoi le Grand Architecte de l'Univers au XXIᵉ siècle ?

Veilleur Franc-Maçon où en est la nuit ?

Ouvrages de Jean Bartholo et Claude Gilbert

Franc-Maçonnerie et Révélation spirituelle. Tome I. Loge Symbolique.

Franc-Maçonnerie et Révélation spirituelle. Tome II. Loge de Perfection et Chapitre.

Ouvrages d'Armand Bédarride

Le Livre d'Instruction du Rose-Croix.

Le Livre d'Instruction du Chevalier Kadosh.

Les mystères de l'Étoile flamboyante – La lettre G – suivie de : Le secret de la lettre G – Rose et Croix – Les croix symboliques par Wladimir Nagrodzki.

Le Travail sur la Pierre Brute. Introduction par Oswald Wirth.

Règle et Compas.

Ouvrages de Pascal Gambirasio d'Asseux

Le Miroir de la Chevalerie. Essai sur la spiritualité chevaleresque. Préface de S. A. R. Monseigneur le Prince Henri de France. Seconde édition augmentée.

La voie du blason. Lecture spirituelle des armoiries. Seconde édition augmentée.

L'Homme de Lumière. Édification du Corps de gloire – les clefs chrétiennes. Seconde édition augmentée.

Réalisation initiatique et Mystère chrétien.

Collection *Défense et illustration de la Maçonnerie Française*

Cahier n° 1. La Renaissance du Rite Français traditionnel.

Cahier n° 2. Le Rite Français du premier grade au Vᵉ ordre.

Cahier n° 3. Lumières de la Franc-Maçonnerie française.

Cahier n° 4. Pouvoir temporel et Force Spirituelle.

Cahier n° 5. Le Rit Primordial de France dit Rite Français ou Moderne.

Cahier hors série consacré à l'antimaçonnisme : Le procès des francs-maçons.

Le Rite Français par Hervé Vigier

Tome I. L'Apprenti et le Compagnon dans le Rite Français ou Moderne ou le printemps de la Franc-Maçonnerie française

Tome II. Du Maître au Chevalier Maçon ou les chemins sinueux de l'Écossisme dans la tradition maçonnique française.

Tome III. La lettre et l'esprit de la synthèse des grades symboliques : Apprenti, Compagnon, Maître.

Tome IV. Les grades de Sagesse du Rit Primordial de France du Maître à l'Élu et les manuscrits du premier ordre des deux premières séries de l'Arche.

Ecce Homo – Le Cimetière d'Amboise – suivi de – Stances sur l'Origine et la Destination de l'Homme, par Louis-Claude de Saint-Martin. Préface de Papus.

Rituel de l'Ordre Martiniste dressé par Téder, publié pour la première fois avec sa clef et des documents d'époque.

Michel Saint-Gall

Dictionnaire
du
Rite Écossais Ancien et Accepté

Hébraïsmes et autres termes
d'origine française, étrangère ou inconnue

Seconde édition corrigée

ÉDITIONS TÉLÈTES

Si vous désirez être tenus au courant de nos publications
veuillez nous faire parvenir votre carte.

Éditions Télètes
51, rue La Condamine, 75 017 Paris.

© 1988 (première édition), 1991 (deuxième édition corrigée)
ISBN : 978-2-906 031-88-3 EAN : 9782906031883

"After me cometh a Builder.   Tell him, I too have known."

Rudyard Kipling, "The Palace", 1902.

à Odette

Mes remerciements à mes amis:

Claude Gagne,

Étienne Gout,

remarquables érudits et historiens de la Franc-Maçonnerie et du Compagnonage, qui m'ont toujours si généreusement prodigué une aide précieuse et sans lesquels ce travail n'aurait jamais vu le jour.

Marcel Bacri,

C. J.,

pour avoir relu les épreuves préliminaires et apporté des idées originales et importantes sur certaines traditions et expressions bibliques et maçonniques.

Laetitia Harnagea,

G. R.-S.,

Pour avoir si attentivement et soigneusement corrigé les épreuves finales.

...ainsi qu'à mon plus fidèle collaborateur, Jojo, chat.

AVANT — PROPOS...

Aucun dictionnaire de ce type, donnant la prononciation, la traduction correcte, l'orthographe, l'étymologie et, autant que possible, la référence biblique des mots ne semble avoir été publié jusqu'ici. Un outil de cette nature devrait pourtant rendre service à de nombreux chercheurs. C'est une des raisons qui m'ont conduit à m'attacher à cette tâche. Afin que ce dictionnaire soit à la portée de tous, nulle indication n'y est donnée quant aux degrés précis auxquels appartiennent les phrases, les mots et aussi les quelques acronymes expliqués.

Le terme "hébraïsmes" couvre, dans le cas présent, des phrases et des mots hébraïques, d'apparence hébraïque, pas hébraïques du tout mais prétendus tels et maints autres, apparaissant dans les divers rituels et tuileurs. La plupart sont traduits ou expliqués par mes soins. Parmi eux, certains ont une signification traditionnelle qui ne correspond pas toujours à la traduction correcte. Certains sont, en ce qui me concerne, intraduisibles ou manquant totalement de sens connu. L'avenir, peut-être, nous permettra de nouvelles découvertes à leur sujet. Pour certains, enfin, je donne aussi les interprétations de divers tuileurs et de quelques érudits anciens ou contemporains.

Lors de la préparation (autant que de la lecture) d'un dictionnaire comme celui-ci, on est tout de suite frappé par le théisme (déisme?) qui sous-tend le Rite Ecossais Ancien et Accepté. Les rituels eux-mêmes ont changé avec le passage du temps, mais ceux qui prirent sur eux de faire ces modifications osèrent très rarement changer les mots sacrés, non point par respect, mais simplement parce qu'ils ne les comprenaient pas. Dans leur vaste majorité, ces mots sont d'origine biblique. Ils sont pour la plupart des noms et des attributs divins ou des louanges adressées à Dieu, même lorsqu'ils se présentent sous la forme de noms propres appartenant à des personnages bibliques. Le lecteur pourra se faire sa propre opinion quant aux conclusions à tirer de cet état des choses et à la relevance actuelle des intentions de nos précurseurs.

Ce travail est, comme tout travail maçonnique, imparfait et incomplet. Il sera mis à jour et étendu périodiquement. Son seul but est d'apporter quelques pierres additionnelles et assez mal taillées à l'édifice de ceux qui viendront après nous.

à Paris, le 18 Avril 5988   Michel Saint-Gall.

ORIGINES ET RACINES...

Il y a plusieurs années que j'avais entrepris, dans le but d'écrire ce dictionnaire et avec l'aide précieuse de Claude Gagne, Marc Bilis et autres, des recherches sur l'origine des hébraïsmes tellement courants dans le Rite Écossais Ancien et Accepté.

La première chose qui frappe lors d'une telle entreprise est le nombre, la prépondérance de ces termes. En mélangeant l'hébreu et l'araméen, tous grades compris, les hébraïsmes constituent plus de 80% des mots sacrés et de passe, des noms et titres des officiers dans les divers ateliers (comme Ha-Tirshatha par exemple), des devises et des acclamations. Quelques autres sont visiblement constitués d'expressions hébraïques traduites en latin, comme PAX VOBIS, et plus rarement en grec. Dans leur très vaste majorité, ils sont extraits du Volume de la Loi Sacrée et facilement identifiables. Ils représentent le plus souvent des qualités divines, des noms divins, des noms de personnages bibliques ou les trois à la fois.

Nous pouvons classer ces hébraïsmes en diverses catégories et tout d'abord d'après leur état et leur origine. Permettez-moi de m'expliquer.

A une première catégorie nous pouvons attribuer des mots et expressions facilement reconnaissables, quoique parfois usés par le temps et présentés avec une orthographe archaïque. Il n'y a pratiquement jamais de doute quant à leur signification et à leur symbolisme. Certains sont tirés du Livre des Rois, des Nombres et des Chroniques et font partie de la légende salomonienne. Parmi ceux-ci je mentionnerai comme exemples Booz et Boaz, Jachin ou plutôt Yakinne, Hiram et Débir ou plutôt Dvir. D'autres mots sont extraits d'autres volumes de la Bible, que ce soit l'Ancien ou le Nouveau Testament, et dans ce dernier cas souvent retraduits du grec ou du latin. Des exemples parmi d'autres sont Shibboleth, Pax Vobis ou Tubal-Caïn.

Enfin et toujours dans cette catégorie, nous avons ceux ayant trait au retour de l'exil babylonien et à la reconstruction du Temple de Jérusalem, donc spécifiquement aux livres des Chroniques, d'Ezra et de Néhémie. Parmi ceux-ci, le mot Ha-Tirshatha déjà mentionné plus haut.

Une seconde catégorie est constituée par des termes et des expressions provenant du Zohar et d'autres ouvrages majeurs de la Kabala, souvent à travers les traductions de Khunrath, Cornélius Agrippa, Knorr von Rosenroth et par l'intermédiaire d'occultistes comme Papus ou Eliphas Lévi. J'y compte notammement les noms des Séphirot.

Une troisième catégorie est constituée par des mots et des expressions appartenant à la Kabala, mais reconnaissables comme faisant partie de son angélologie et de sa démonologie tardive. Ils sont d'habitude extrêmement déformés, souvent très difficiles à tracer et à identifier, comme par exemple Romvil, Toffet ou Sterkin. La plupart de ces termes ne proviennent pas de la Bible et n'y figurent pas.

Une quatrième et dernière catégorie est constituée de mots mais surtout de phrases fabriquées de toutes pièces par des hébraïstes approximatifs et sont reconnaissables à leur mauvaise syntaxe et à un mauvais choix des mots pour la signification prétendue.

Tout ceci nous permet de déterminer la période approximative à laquelle les termes ont été absorbés dans le Rite, donc leur ancienneté et leur importance relative, traditionnelle et symbolique, dans le cadre du Rite.

Les expressions purement bibliques, qu'elles aient trait aux évènements de l'époque du déluge, de la Tour de Babel, de la construction ou de la reconstruction du Temple, ont pour la plupart des caractéristiques communes: elles présentent des traces d'usure similaire, des déformations mineures et ont conservé leur sens d'origine. Mais, surtout, ces expressions sont présentes dans des rituels anciens et même dans des traditions opératives extrêmement anciennes. Il va sans dire que ces faits renforcent la position de ceux (et ils sont nombreux) qui font remonter la filiation de la Franc-Maçonnerie aux premiers siècles de notre ère et même avant. Longtemps sceptique, il me faut avouer que devant les preuves qui s'accumulent je commence à penser qu'ils pourraient avoir raison.

Des termes isolés d'origine Zoharique, mais pas les noms des Sephirot, semblent aussi avoir été adoptés assez tôt. Il s'agit toujours de termes isolés, jamais de phrases ou d'idées complexes. Il est aisé de poser une limite supérieure dans le temps, celle de la publication du Zohar par Moïse Ben Shemtov de Léon, en 1286, à Guadalajara en Espagne. Il est très probable que l'adoption de ces termes a eu lieu bien plus tard, pas avant la Renaissance et les premières traductions de Pic de la Mirandole.

Les termes tirés de l'angélologie et de la démonologie kabalistique peuvent être directement retracés à un texte de Kabala opérative, Sepher Raziel, "le Livre de l'Ange des Secrets", publié pour la première fois à Amsterdam, en 1701, très probablement par un sectateur de Shabbétaï Tsevi. Ce livre connut une vogue immense dans les cercles ésoteristes et occultistes, autant dans sa forme primitive que dans ses diverses compilations et traductions, comme par exemple le Mafteakh Shelomo, traduit sous le nom de "Clavicules de Salomon". Il n'y a donc pas de difficulté pour suivre ces mots à la trace jusqu'au milieu du 18e siècle, époque de la formation du Rite Écossais.

Quant au symbolisme et à la terminologie spécifiquement séphirotique, c'est plus simple. Ils ont été introduits au début des années 1930 par deux membres du Suprême Conseil de France de l'époque, Oswald Wirth et Albert Lantoine. Les témoignages et les documents sont incontestables. Wirth et Lantoine les détenaient apparemment de sources très peu fiables, comme Éliphas Lévi, Papus et sans doute Paul Vulliaud et Jean de Pauly, car ni l'un ni l'autre ne lisaient l'hébreu.

DE LA PRONONCIATION...

Avec les générations successives de Francs-Maçons, la prononciation des mots anciens et surtout de ceux d'origine hébraïque s'est peu à peu éloignée, pour des raisons faciles à comprendre, de celle d'origine.

Souvenons-nous d'abord d'une évidence: l'hébreu est écrit avec des caractères hébraïques. Écrire un mot hébreu en caractères latins ne saurait être qu'une tentative de restitution phonétique.

Même les très bons hébraïstes occidentaux, qui savaient lire et écrire cette langue à la perfection, ne la parlaient que rarement. Ils n'avaient donc pas les moyens de faire la différence entre une prononciation correcte et une prononciation fausse, car l'hébreu s'écrit sans voyelles. L'insertion correcte de celles-ci n'est pas une question de savoir livresque mais surtout d'une longue pratique de la langue parlée. Il existe bien, dans certains livres, un système de ponctuation ancien qui indique les voyelles à prononcer, mais il n'y a pas d'accord sur la façon exacte dont cette ponctuation elle-même devrait être prononcée. Parmi d'autres raisons, c'est donc le fait de parler couramment l'hébreu ancien et moderne qui m'incite à entreprendre ce dictionnaire.

Enfin, la re-copie répété de documents a eu comme conséquence une grande variété d'erreurs, de corruptions et de distorsions qui ont rendu totalement incompréhensibles et pratiquement impossibles à relier à une quelconque source des mots comme, par exemple, **RABUCIN** ou **FURLAC**. C'est justement cette accumulation d'erreurs que j'ai essayé de corriger, tout en citant les mots déformés ou corrompus tels qu'ils nous ont été transmis par l'habitude ou la tradition, mais en renvoyant toujours systématiquement l'utilisateur à leur forme phonétique correcte. En évitant les prononciations contemporaines possibles (Ashkénaze, Sépharade, etc.), j'ai choisi de considérer correcte la prononciation à laquelle est arrivée, au bout de nombreuses années de méticuleuses recherches, l'Université de Jérusalem. Utilisée actuellement en Israël, cette prononciation est sans doute la plus proche de celle utilisée à l'époque biblique.

De même, la lecture de quelques caractères ou groupes de caractères latins a évolué au cours des deux ou trois derniers siècles. Ceux qui ont écrit des tuileurs se sont souvent copiés l'un l'autre, d'autant plus que les hébraïstes étaient rares parmi eux. Ils copièrent donc presque toujours les mots anciens dans leur forme phonétique ancienne, en oubliant que la façon de lire certaines lettres avait changé avec le temps. Pis, ils copièrent des tuileurs allemands ou anglais, en laissant aux mots la forme qu'ils avaient et qui était erronnée pour un lecteur français. Suit une brève liste des lettres et des groupes de lettres parmi les plus affectés par ces divers problèmes de prononciation.

Aleph et Aïn: Ces lettres n'ont pas de prononciation propre et servent de support à des voyelles. La lettre **Aleph** laisse aux voyelles leur prononciation normale, tandis que le **Aïn** leur prête une inflexion nasale représentée dans ce dictionnaire par une apostrophe précédant la voyelle visée. Seule une bonne pratique de la langue parlée peut indiquer la voyelle correspondante dans chaque cas d'espèce.

Beth: Cette lettre se prononce B au début et V à l'intérieur d'un mot, sauf pour quelques très rares exceptions. Même certains traducteurs de la Bible, qui ignoraient cette règle, ont parfois transcrit des **Beth** internes comme B. Ceci a donné par exemple **HIRAM-ABI** à la place de **HIRAM-AVI**.

CH: Groupe souvent utilisé pour phonétiser le **Kaph** et le **Kheth**. Prononcé KH (H dur) en écossais, allemand et jadis en français. Aujourd'hui, nous le prononçons SH; ceci déforme des mots comme **CHEN** (qui devrait être prononcé **KHEN**). Voir le dernier paragraphe de cette page.

Hé: Est presque muette. Le problème est de savoir dans une transcription phonétique s'il s'agit bien d'un **Hé**, d'un **Kheth** ou d'un **Kaph**. De ce fait, dans ce dictionnaire le **Hé** est toujours representé comme un H et un mot comme **HIRAM**, qui contient un **Kheth**, sera écrit KHIRAM.

J: Le J initial était prononcé I en français ancien. Il l'est toujours en allemand. Cela fait que presque tous les mots rituels contenant des J devraient être écrits avec I ou Y. Par exemple, **JAKIN** se prononce **YAKIN** (ou plutôt **YAKINNE**, avec un N dur). D'ailleurs le J français n'existe *ABSOLUMENT PAS* en hébreu. Il est notable que certains rituels, même anciens, donnent bien **IAKIN** ou **YAKIN**.

Pé: Cette même lettre sert de P et de F. La règle de prononciation est très simple: au début d'un mot, **Pé** se prononce toujours P. Dans le corps d'un mot, presque toujours F. C'est pour celà que **PHALEG** n'est pas correct mais **PELEG** l'est.

Kaph: Sert de K et de Kh. La règle de prononciation est simple aussi: au début d'un mot, **Kaph** se prononce toujours K. Dans le corps d'un mot, presque toujours Kh (H guttural).

Shin (ou **Sin**): Cette lettre constitue un cas particulier et difficile, car elle peut être prononcée indifféremment **S** ou **SH**, sans règle précise, sauf la prononciation traditionnelle. Disons qu'elle est prononcée **SH** dans la grande majorité des cas, **S** étant plutôt exceptionnel. Les Ephraïmites la prononçaient toujours **S**, comme dans **Siboleth**, ce qui leur attira de graves ennuis. Voir plus bas pour le problème des **CH**, **SCH** et **SH**.

Vav: Cette même lettre sert parfois de **OU**, parfois de **V**, sans règle de prononciation bien définie sauf à l'usage.

Tsadik: Cette lettre apparaît souvent dans les tuileurs allemands sous la forme **Z**, ce qui en allemand se prononce effectivement **Ts**. De nombreux compilateurs sans discernement la transcrirent pourtant telle quelle, ce qui nous fit hériter de divers Zadik et autres Zevaoth.

En français, **CH**, **SCH** et **SH** se prononcent tous les trois comme **Shin**. Mais leur prononciation en anglais et allemand n'est pas la même; nous l'avons vu et cela a prêté à maintes confusions. Dans ce dictionnaire, pour la précision, nous appelerons donc toujours un **schat** un **shat**. Enfin, pour compliquer encore un peu les choses, *toutes* les voyelles peuvent être flottantes, ne nécessitant aucun support du genre d'un **Aleph**, **Aïn** ou **Vav**.

LES CARACTERES HEBREUX TRADITIONNELS...

CARACTERE	NOM	TRADUCT. COURANTE	VAL NUM	CARACTERE	NOM	TRADUCT. COURANTE	VAL NUM
א	aleph	taureau	1	ס	samekh	épais	60
ב	beth	maison	2	ע	aïn	oeil	70
ג	guimel	chameau	3	פ	pé	bouche	80
ד	daleth	porte	4	צ	tsadik	juste	90
ה	hé	ver	5	ק	koph	trou	100
ו	vav	crochet	6	ר	resh	tête	200
ז	zaïn	arme	7	ש	shin	dent	300
ח	kheth	terreur	8	ת	tav	trait	400
ט	teth	balai	9				
י	iod	main	10	ך	kaph final		500
כ	kaph	paume	20	ם	mem final		600
ל	lamed	érudit	30	ן	noun final		700
מ	mem	eau	40	ף	pé final		800
נ	noun	poisson	50	ץ	tsadik final		900

DU GRAPHISME

DES CARACTERES HEBREUX...

L'alphabet hébreu, comme tout autre alphabet, a évolué à travers des graphismes successifs durant sa longue histoire. Bien entendu, et depuis le début, il y eut simultanément des graphismes divers mais semblables.

Cette variété, normale dans toute langue écrite, existe toujours comme pour les caractères latins. Les caractères hébreux se fixent dans une certaine mesure à partir du second siècle av. l'E.V., surtout sous l'influence des scribes attitrés, civils ou religieux. De ce fait, des documents contemporains de la révolte des Maccabées ou de Hérode le Grand sont aussi lisibles aujourd'hui, pour le lecteur cultivé, que le journal de la veille. Des ostraca, des papyri, des vélins autographes des chefs de la révolte des Maccabées et de celle de Bar Kokhba, la plupart des manuscrits Esséniens de Qumrân l'attestent.

Les graphismes dans la page précédente restent encore aujourd'hui les plus courants, du moins dans les publications traditionnelles. Ils remontent, dans leur forme actuelle, au moins au 12ᵉ siècle. Ce sont eux que les utilisateurs de ce dictionnaire rencontreront le plus souvent au cours de leurs travaux.

Le sens symbolique courant indiqué est aussi le plus commun. Il est utile de se souvenir, pourtant, que chacune des lettres de l'alphabet hébraïque est chargée de tant de symbolismes, de sens multiples, hiéroglyphiques, acronymiques, numérologiques, qu'il faudrait un autre volume comme celui-ci pour les expliquer en profondeur.

Quant à la valeur numérique indiquée, il faut savoir que la langue hébraïque ne possède pas de chiffres. Ce sont les lettres qui, ayant chacune une valeur numérique différente, permettent par leurs combinaisons la notation de valeurs numériques. Ceci a bien entendu permis aux kabalistes les spéculations symboliques qui ont engendré la numérologie ou *Guématria*.

BIBLIOGRAPHIE DE BASE...

A: Avraham Even-Shoshan: "Une Nouvelle Concordance de la Bible", Kiryat Sepher Publishing House Ltd., Jérusalem, 1977. *En hébreu.* C'est la meilleure concordance de l'Ancien Testament.

D: Delaulnaye: "Thuileur des 33 Degrés de l'Ecossisme. Nouvelle édition corrigée et augmentée", Paris 1821. Facile à trouver en réédition, par exemple aux Editions d'Aujourd'hui, Plan-de-la-Tour, Var, 1979.

J: Marcus Jastrow: "A Dictionary of the Targumim, the Talmud Bavli and Yerushalmi, and the Midrashic literature". Traditional Press, Brooklyn, 1903. Assez facile à trouver aux Etats Unis et en Israël (ainsi que dans les librairies spécialisées), car réédité depuis.

JC: Joan Comay: "Who's Who in the Old Testament and the Apocrypha, 5th edition", chez Weidenfeld & Nicholson, London, 1979.

O: Odelain et Séguineau: "Dictionnaire des Noms Propres de la Bible", chez Cerf, Paris 1978.

R: Ragon (J. M.): "Tuileur Général de la Franc-Maçonnerie, ou Manuel de l'Initié, contenant... les nomenclatures de 75 maçonneries... et plus de 1400 grades". Paris, sd. (1860 ?). Ouvrage non réédité, souvent très utile pour ses nomenclatures et ses classifications de grades. Difficile à trouver. Consultable dans les bibliothèques spécialisées.

RO: Robertson: "Compendious Hebrew Dictionary of the Holy Writ", Richard Cruttwell, Bath, 1814. Précieux pour certains termes qui ne se retrouvent nulle part ailleurs. Livre rarissime et introuvable. Consultable peut-être dans une ou deux bibliothèques spécialisées.

ST: Sandler et Trenel: "Dictionnaire Hébreu-Français", Paris, 1859. Le plus sérieux des dictionnaires français de la Bible. Facile à trouver car très souvent réédité, par ex. par Slatkine, à Genève, en 1982.

T: Teissier: "Manuel général de Maçonnerie...", 3° édition, revue et corrigée, Paris 1883. Facile à trouver car réédité, par exemple en 1978 par La Bibliothèque Traditionnelle.

V: Vuillaume: "Manuel Maçonnique", 2° édition, à Paris, Sétier, 1830, avec 32 planches (et 64 pages pour le Rite Egyptien). L'ouvrage de référence car le plus complet et surtout celui qui contient (tout est relatif) le moins d'erreurs. Facile à trouver, réédité par exemple en 1975 chez Dervy. Nombreuses références bibliques fausses; sans doute, Vuillaume utilisait une version non-Massorétique de la Bible, probablement une version de la Vulgate.

Y: Robert Young, LLD: "Analytical Concordance to the Holy Bible", 8-th edition, thoroughly revised. Lutterworth Press, Guildford and London, 1939. La meilleure concordance non-hébraïque (anglaise) de la Bible (version du roi James). Assez facile à trouver car rééditée en 1977.

REFERENCES PONCTUELLES...

CG: Claude Gagne: Collection privée, archives, conseils et commentaires.

CG (Manuscrit): "Cahiers Manuscrits des 33 grades Ecossais". Un texte du début du XIX° siècle, contenant une protestation du Frère Eugène Bolard contre l'altération de divers mots depuis la réception de son beau-père à la Loge "l'Amitié-Fraternité" en 1772. Les mots sont dans l'ensemble conformes aux autres textes. Bibliothèque de CG.

EG: Étienne Gout: Commentaires et conseils d'ordre historique, rituélique, étymologique et symbolique.

F: Francken: "A typewritten transcript of the Francken Manuscript". Ce texte de 1783 est la traduction du Rite de Perfection de Morin.

CP: Chappron: Nécessaire Maçonnique. 1e édit., à Paris chez Cauet, 5812; difficile à trouver.

L: Convent de Lausanne (document officiel du 1er Novembre 1876, S.C.).

MB: Marc Bilis. Commentaires et conseils d'ordre architectural, symbolique, rituélique et compagnonique.

MBC: Marcel Bacri. Commentaires et conseils d'ordre symbolique, étymologique et rituélique.

SC: Archives du Suprême Conseil de France.

X: Auteur inconnu: "Table des mots de passe, sacrés, d'ordre et autres, avec leur signification". Manuscrit de 1785, N° 20 M 010655 de la bibliothèque de CG.

REFERENCES BIBLIQUES...

La référence biblique est toujours indiquée si les mots semblent extraits du Volume de la Loi Sacrée, ce qui est la majorité des cas. Pour des mots y apparaissant très souvent, des dizaines ou des centaines de fois (environ 300 pour **BERITH**, 500 pour **ADAM** par exemple) j'ai surtout donné en référence la première apparition du mot dans la Bible. Là seulement où sa présence dans un certain contexte était particulièrement importante, le mot est référencé dans ce contexte. Ce choix, purement pratique, fait que la plupart des mots sont référencés aux premiers livres de l'Ancienne Alliance.

Les textes sacrés utilisés dans la préparation de ce dictionnaire sont, pour l'Ancienne Alliance, les originaux hébraïques et araméens (dans leur séquence Massorétique) et les textes grecs pour la Nouvelle.

Si le lecteur doit consulter une traduction de la Bible, il faut noter que certaines traductions présentent des variations importantes par rapport à l'original. Je tiens donc à en recommander deux, tout aussi remarquables l'une que l'autre:

1) La traduction anglaise, dite du roi James (King James Version), très belle comme langage, facile à trouver car très souvent rééditée et faisant autorité dans les pays de langue anglaise.

2) La traduction française d'André Chouraqui; elle est aussi facile à trouver car publiée en 1986, est très proche des textes d'origine mais très difficile à lire pour cette raison même.

A noter qu'une référence biblique n'est point une preuve qu'un mot ait été extrait de la Bible, mais seulement qu'il s'y trouve. Nombre de mots dans cet ouvrage étaient et restent toujours d'usage courant parmi les pratiquants de la langue hébraïque, en Terre Sainte et ailleurs.

A

A: initiale d'Architecte.

AARON (aleph, hé, resh, vav, noun): *éclairé*. Premier Grand Prêtre d'Israël, frère de **MOÏSE**° et de Miriam (Ex. IV-14). Ses fonctions sont décrites en détail dans Lévitique I à IX.

A.A.C.D.X.Z.A.: Acronyme d'un groupe de mots spécifiques à un certain degré. Ces mots seraient, selon V.: **ABDA**°, **ADONIRAM**°, **CYRUS**°, **DARIUS**°, **XERXES**°, **ZOROBABEL**° et **ANANIAS**°. Pourquoi ces mots? Pourquoi dans cet ordre? Ce n'est pas clair pour l'instant. Il y a sans doute bien plus là-dedans que ce que Vuillaume n'en pense dans son Manuel (Tuileur).

ABAD: voir **AVAD**.

ABADON ou **ABBADON** ou **ABADDON:** voir **AVADON** et **'ABDON**.

ABRAK: déformation d'**AVRA**.

'ABDA (aïn, beth, daleth, aleph): *serviteur, esclave, adorateur*. Nom du père d'**ADONIRAM**°.

'ABDON (aïn, beth, daleth, vav, noun)): *service, servile*. Fils de Hillel le Pirathonite (Juges XII-13), il fut pendant huit ans le dixième Juge d'Israël. Nom de l'Orateur à un certain degré.

ABDAMON: voir **'EVED AMON**.

ABIF: le qualificatif du nom de **KHIRAM**° dans la légende maçonnique. Déformation de l'hébreu **AVI**°.

ABIRAM: selon V., ce serait **ABI** (plutôt **AVI**°) **RAMAH**, (aleph, beth, iod, - resh, mem, hé). **RAMAH** veut dire soit *jeter, lancer*, soit *hauteur, plateau* (même orthographe). D. traduit par *qui renverse le père*. Possible, à la limite, mais douteux en ce qui me concerne. Voir plutôt **AVIRAM**.

ABIRAM AKIROPH: voir **ABIRAM**. En ce qui concerne **AKIROPH**°, il s'agit probablement d'une déformation d'**AKHITOV**°.

ABI RAMAH: voir **ABIRAM**.

ABRA: voir **AVRA**.

ABRAG: déformation d'**AVRA**.

ABUSSUS: voir **ABYSSUS**.

ABYRAM: voir **ABIRAM**.

A

ABYSSUS: mot grec; l'*Abîme sans fond* (Rév. IX-1); voir **ABAD**, **ABADON** et **AVAD**.

ACACIA: terme d'origine latine mais dérivé du grec *akakia*, *a* étant le préfixe privatif et *kakia*, de *kakon*, *mal*, *mauvais*: "qui est sans mal". Arbre souvent sacré, considéré inattaquable par la pourriture, la maladie, les parasites, l'acacia est très souvent cité dans la Bible (Ex. XXV/XXVII). Adopté par la Maçonnerie comme symbole d'immortalité ou de renaissance, c'est un membre de la famille des Mimosaceæ, genre Leguminosæ, qui regroupe de nombreuses espèces d'arbres et buissons très répandus surtout dans les pays chauds. Une de ces espèces nous intéresse tout particulièrement: l'Acacia Albida, le *shittah* (pluriel: *shittin*) biblique (Ex.XXV-10), arbre assez haut, au tronc assez épais et au bois bon pour la construction, souvent confondu avec le faux acacia, Robinia Pseudoacacia, un arbre européen d'origine américaine qui n'existe pas en Orient. A propos de confusion, il faut rappeler que l'Arche de Noé était construite en *gopher* (Gén. VI-14), Cupressus Sempervirens, cyprès de haute taille au bois dur, rougeâtre, solide et résineux, au grain serré, utilisé de tout temps au Proche Orient pour la construction navale. L'Arche de l'Alliance fut construite en bois de *shittin* (Ex. XXXVI-20), Acacia Albida, ainsi que les parties en bois du Tabernacle. Le Temple de Salomon était construit en pierre et *erez* (1 Rois V-8), Cedrus Libanensis, cèdre du Liban. Enfin, ne pas confondre l'acacia avec le mimosa courant, buisson aux branches et au tronc tourmentés, tout à fait impropre à la construction.

ACARON SITONE: voir **AKHARON SHILTON**.

ACCOLADE: du latin *ad*, au, et *collum*, cou. Au Moyen Age, nom de la cérémonie de réception d'un chevalier. Elle consistait, après l'avoir armé, à lui frapper la nuque du plat de l'épée et à l'embrasser. Nom donné à une forme de salutation maçonnique ainsi qu'à l'acte d'admission dans certains grades.

ACHAL: voir **'AKAL**.

ACHAR: voir **'AKAR**.

ACHARON SCHILTON: voir **AKHARON SHILTON**.

ACHIAH ou **ACHIAS:** voir **AKHIAH**.

ACHITOB: voir **AKHITOV**.

ACHIZAR: voir **AKHIZAR**.

ACOB: voir **'AKUV**.

ADAM (aleph, daleth, mem): *homme*; le nom du premier homme; *sang, épais, rouge* (Gén. II–19). Les Évangiles citent souvent l'expression *fils de l'homme* ou **BEN ADAM**. Ce fut toujours et c'est encore en hébreu un terme courant pour *homme*, très semblable dans son sens idiomatique au *hombre!* espagnol. Voir **ADAMA** et noter le double parallèle **ADAM / ADAMA** en hébreu et *homo/humanus, humo/humus* en latin. Cette curieuse relation entre les mots *homme* et *terre* ne paraît pas être générale dans les langues anciennes. Pourtant, une transmission de la tradition hébraïque vers la tradition latine est peu probable. Il se peut que la relation ait été universelle mais très ancienne, dépassant de loin la tradition hébraïque, et qu'elle se soit perdue depuis dans les autres langues. **ADAM** est le nom d'un officier à un certain degré. Pour les étudiants de la **KABALA***, les trois lettres d'**ADAM** sont les initiales respectives d'**ADAM, DAVID*** et **MASHIAKH***, les trois hommes dont la filiation directe relie symboliquement la Création, la mise en oeuvre de la Loi et la Rédemption.

ADAMA (aleph, daleth, mem, hé): *terre, glaise rouge de potier*. Une cité entourée d'une palissade (Jos. XX–36). Voir **ADAM**.

ADAR (aleph, daleth, resh): le dieu du feu chez les Canaanéens. Nom du 12e mois, de la nouvelle lune de mars à celle d'avril; il est dédoublé 7 fois en 19 ans, afin de permettre à l'année lunaire de rattraper l'année solaire (Ezra VI–15). Ce mot signifie aussi, en tant que nom commun, *hauteur, honneur* (Jos. XV–3).

ADOM (aleph, daleth, [vav], mem): *rouge* (Ex. XXV–5).

ADON (aleph, daleth, noun): *seigneur* (Gén. XLII–30).

ADONAÏ (aleph, daleth, noun, iod): *mes seigneurs* (Gén. XV–2), possessif pluriel de **ADON***. Un des noms de Dieu, le plus couramment utilisé à la place de l'imprononçable tétragramme (iod, hé, vav, hé). dans la tradition hébraïque. De même, le nom de l'une des neuf arches soutenant une certaine voûte.

ADONAÏ GADOL: voir les deux mots.

ADONI (aleph, daleth, noun, iod): *mon seigneur* (Gén. XVIII–12), possessif singulier de **ADON***).

AD MAJOREM DEI GLORIAM: latin. *A la plus grande gloire de Dieu.* A l'origine, devise de la Société (ou Compagnie) de Jésus de Saint Ignace de Loyola (ordre Jésuite), reprise dans un emblème d'un degré Écossais.

ADONIRAM (aleph, daleth, noun, iod, resh, mem): *mon Dieu est exalté.* Selon le texte biblique (1 Rois V–14), c'était le chef appointé par Salomon pour organiser la levée et la rotation des 30.000 ouvriers envoyés par tiers, tous les mois, au Liban. Ceci lui valut la haine de la

A

population. Après la mort du roi, des émeutes se produisirent contre son successeur, Rehoboam. Adoniram y périt, lapidé à mort. D'après la tradition de certains degrés, chef des tribus chargées de couper les cèdres sur les flancs du mont Liban. Selon V., il aurait été l'un des architectes envoyés par Salomon au Liban, afin de surveiller la coupe et la préparation du bois pour le Temple. Ces traditions sont strictement maçonniques. Il n'y a rien dans le texte biblique qui puisse les corroborer. Voir aussi **KHIRAM**.

ADONHIRAM: (1 Rois IV-6); voir **KHIRAM**.

AGGÉE: voir **HAGGAI**.

AGAPE(-S): du grec *agapé* qui signifie *amour*. Nom donné aux réunions de frères autour d'un dîner après une tenue, ou aux dîners d'ordre.

AGATE ou **AGATHE**: mot rencontré surtout sous la forme **PIERRE D'AGATE***. Du grec *akhates* (nom de la rivière de Sicile où l'on trouvait jadis cette pierre) à travers le latin *achates*. Cette pierre, très dure et transparente, fut beaucoup utilisée dans l'antiquité pour faire des objets sacrés, par exemple les scarabées égyptiens ou l'une des douze pierres de l'**EPHOD***. On lui attribua des propriétés bénéfiques, en pensant peut-être que son nom venait du grec *agathos, bien*. Selon la tradition (mais pas selon la Bible), on supposait que la pierre angulaire du Temple était en **AGATE**. Le mot est utilisé à plusieurs degrés du REAA.

AGLA (aleph, guimel, lamed, aleph): acronyme d'une phrase de la seconde eulogie de l'**AMIDAH** (liturgie hébraïque journalière): **ATA GUIBOR LEOLAM, ADONAÏ,** *Tu es Puissant Éternellement, Adonaï.* Utilisé depuis le 13ᵉ siècle par les magiciens (et, de manière surprenante, plutôt par les magiciens chrétiens que par les magiciens juifs), ce Nom de Puissance se retrouve depuis dans tous les systèmes magiques, ésotériques et initiatiques du monde occidental.

AGNEAU: **KEVES** (caph, beth, shin: Ex. XXIX-38) ou **SEH** (shin, hé: Gén. XX-7) en hébreu, *amnos* (Jean I-29) en grec. L'Agneau du **SACRIFICE***, l'Agneau de Dieu (Agnus Dei), couché sur le Livre des Sept Sceaux. Symbole du sacrifice, de la pureté, symbole johannique de la Nouvelle Alliance avec Dieu. La peau blanche du tablier. Selon certains, un symbole christique par excellence, mais l'agneau apparaît dans la plénitude de son symbolisme dès le livre de la Genèse, avec le sacrifice et la mort d'Abel.

AHAMMEN JAHAROM: c'est très probablement une extrême déformation de **YA'AVOROU HAMAÏM***.

AHIMAN REZON: nom attribué par Laurence Dermott au Livre des Constitutions de l'Ancienne ("Antient") Grande Loge d'Angleterre, en 1751. Selon

Mackey, ce nom proviendrait de la bible "Breeches", publiée en 1560 et traduisant **AHIMAN** comme *frère préparé* et **REZON** comme *secrétaire*, mais le terme n'est malheureusement ni hébreu ni biblique en tant que tel, en dépit de sa consonance sémitique. Pourrait, éventuellement, être une déformation de **RATSON AKHIM** (resh, tsadik, vav, noun, - aleph, kheth, iod, mem) *volonté des frères*.

AHOLIAB: voir **OHOLIAV**.

AHARON SHILTON: voir **AKHARON SHILTON**.

AIR: un des quatre éléments des anciens, correspondant à l'intellect, au **BLEU***, à l'idée de souffle, *atmos*, de purification, de vie invisible et spirituelle. Très souvent utilisé dans le symbolisme du REAA à divers degrés.

AKAL (aleph, kaph, lamed): *repas, nourriture* (Lev. XXV-7).

'AKAL (aïn, kaph, lamed): *mangea, digéra*; aussi *mesura*. Le mot est absent de la Bible mais existe dans le Talmud.

'AKAN (aïn, koph, noun): *aigu, tordu.* Nom du fils d'Ezer, fils de Seïr le Horite (Gén. XXXVI-27). D. dit *"qui brise"*, ce qui est incorrect.

'AKAR (aïn, kaph, resh): *stérile* (Gén. XI-30), *trouble* (Gén. XXXIV-30). Nom de celui qui vola et cacha une partie du butin, après la destruction de Jéricho par Josué (1 Chr. II-7). Selon V., ce serait un des noms de Dieu. Plus que douteux. Une confusion avec **YAKAR** (iod, koph, resh), *précieux, rare, cher* (1 Sam. III-1), n'est pas à exclure.

AKHARON SHILTON (aleph, kheth, resh, vav, noun, - shin, lamed, tet, vav, noun): *le dernier royaume.* Origine non biblique.

AKHIAH (aleph, kheth, iod, hé): *frère de Yah*; non biblique et passablement douteux. Il est possible que ce soit un déformation du grec **Achaia**, côte sud du golfe de Corinthe, nom utilisé parfois dans les Évangiles pour la Grèce tout entière (Act. XVIII-12).

AKHITOV (aleph, kheth, iod, tet, vav, beth): *bon frère, frère de bonté* ou *mon frère est bon.* Nom de quatre personnes citées dans la Bible. Deux peuvent nous intéresser. L'un fut père de Zadok (Tsadok), grand prêtre du temps de David (2 Sam. VIII-17). L'autre fut chef du Temple (1 Chr. IX-11) du temps de **NEKHEMIAH***.

AKHIZAR (aleph, kheth, iod, zaïn, resh): *frère d'étranger* ou *mon frère est étranger.* Origine non biblique. Traditionellement et selon V., le nom d'une tour où deux assassins furent enfermés, après avoir été arrêtés à Gath, le pays du roi Ma'akah. Toujours selon V., le nom de cette tour serait en réalité **EZER** (aïn, zaïn, resh), *secours.*

A

Sans aucun doute, cette légende provient du récit biblique (1 Rois II-39) des deux esclaves de Shimeï qui s'étaient enfuis chez le roi Ma'akah, à Gath. Une autre origine possible de ce mot est **AKHZAR** (aleph, kheth, zaïn, resh): *cruel*. A moins que ce ne soit une déformation extrême de **BETH SOHAR** (beth, iod, tav, – samech, hé, resh), *prison, tour* (Gén. XXIX-20).

AKIROPH: il s'agit probablement soit d'une déformation d'**AKHITOV***, soit d'**AKHIROPHÉ**, de **AKHI** (aleph, kheth, iod), *mon frère*, et de **ROPHÉ** (resh, pé, aleph), *médecin*. Le mot est inexistant dans la Bible.

'AKUV (aïn, koph, vav, beth): *guet-apens*. Fils d'Elioenaï, de la famille de David. D. dit *frauduleux*, ce qui est faux.

ALAÏ BENEÏ EMETH: voir **ELAÏ BENEÏ EMETH**.

ALBRA: voir **AVRA**.

ALEPH: première lettre de l'alphabet. Symbole de Divinité et de commencement comme plus tard *alpha*. Sous la forme (aleph, lamed, pé): un *boeuf* ou *taureau* (Psa. CXLIV-14). Le type de bovidé mâle est parfois difficile à identifier dans les textes bibliques, car l'utilisation des mots n'y est pas toujours logique et uniforme.

ALEXANDRE: du terme grec *alexandros*, signifiant *défenseur des hommes*. En ce qui nous concerne il s'agit d'Alexandre III (356-323 a. l'E.V.) le Grand, fils de Philippe et roi de Macédoine, vainqueur et conquérant de l'empire Perse de **DARIUS*** en particulier et de tout le Proche et Moyen Orient, du Nord de l'Inde et de l'Égypte en général. Lors de sa conquête du Proche Orient, il eut un comportement très amical envers les Juifs qui craignaient le pire en tant que vassaux de Darius. Il leur octroya des privilèges et prit des mesures pour l'entretien et la défense du **TEMPLE*** de Jérusalem. **ALEXANDRE** le Grand apparaît aussi dans la légende maçonnique anglaise, telle qu'elle est rapportée par Anderson (édition de 1738, citée par Daniel Ligou). Alexandre est aussi le nom du saint patron des sciences, ce qui est sans doute une autre voie de sa pénétration dans la légende maçonnique, probablement à travers le Compagnonage.

ALGUEBAR: nom très déformé dont il est difficile de cerner l'origine, car sa sonorité arabe est très improbable dans le contexte. Il se peut bien qu'il vienne d'**EL*** **GUIBBOR***, *Dieu puissant*. Selon une tradition, le surveillant des ouvriers de la tribu de Manassé. Bien entendu, il n'existe pas de parallèle biblique de ce personnage.

ALGUEBERT: voir **ALGUEBAR**.

ALLELUIA ou **ALLELUYA**: voir **HALLELOUYA**.

ALPHA, OMÉGA: la première et la dernière lettre de l'alphabet grec. Le commencement et la fin, le tout, le Cosmos. Un des titres du Christ (Rév. I-8).

ALQUEBERT: voir **ALGUEBAR.**

'AMAL SAGGHI ou **SAGHI** (aïn, mem, lamed, – shin, guimel, iod, aleph): *grande affliction, grand travail, grande misère.* L'expression n'existe pas en tant que telle dans la Bible, mais les deux mots qui la composent y sont assez fréquents.

AMAN (aleph, mem, noun): *habile ouvrier, artiste, expert* (Cant. VII-1). Voir aussi **OMAN** et **OUMAN.**

AMAR YAH (aleph, mem, resh, – iod, hé): *Dieu a dit.* Expression assez courante dans la Bible. En tant que nom propre nous concernant, il pourrait bien s'agir soit du grand-père de Zadok, le Grand Prêtre au temps de David (1 Chr. VI-7), soit d'un prêtre co-signataire de l'alliance de **NEKHEMIAH*** avec Dieu (Néh. X-3).

A.M.D.G.: initiales de **AD MAJOREM DEI GLORIAM.** Voir cette phrase.

AMEN (aleph, mem, noun): *ainsi soit-il! croyez!* (mode impératif). Aussi: *foi, certitude, vérité* (Num. V-22). De **EMUNAH***, *foi, fidélité* (Hab. II-4).

AMETH: voir **EMETH.**

AMON (aleph, mem, [vav], noun): *multitude* (Jer. XLVI-25), *ouvrier, artiste, tuteur, bien gardé;* le nom de plusieurs personnages bibliques (1 Rois XXII-26) et du dieu égyptien. Aussi: *digne de confiance* (de **EMUNAH***). Une relation est aussi possible avec la légende des quatre fils Aymon (prononciation anglaise de Hamon) et de Renaud de Montauban. Autres possibilités: **AMAN*, AMOUN*, HAMON*** et **OMAN*.**

'AMON (aïn, mem, vav, noun): *compatriote;* nom du fils de Ben Ami (signifiant aussi *compatriote*) et de leur pays, réputé avoir abrité les Géants ou Anakim (Gén. XIX-38). Voir **AMON.**

AMOUN (aleph, mem, vav, noun): *instruit* (MBC). Terme non biblique.

ANANIAS: forme grécisée de **KHANANIAH*.** Un disciple de Jésus. Il complota avec son épouse pour tromper les Apôtres (Actes V-1). Très certainement utilisé par erreur à la place de **'ANANIAH*.**

'ANANYAH (aïn, noun, noun, iod, hé): *Dieu est un nuage (protecteur).* Grand-père de **'AZARYAH*.**

A

ANIHAM: déformation de **'ANI'AM*** ou de **ONI'AM*** donnée ainsi qu'une traduction fausse ("*force du peuple*") par D. Le H est superfétatoire.

'ANI'AM (aïn, noun, iod, aïn, mem): *lamentation du peuple*. Aussi, le nom d'un personnage biblique de peu d'importance (1 Chr. VII-19). Prononcé **'ONI'AM**, veut dire *pauvreté du peuple*.

ANIMA: latin pour *souffle, haleine, air*, mais utilisé surtout pour *âme*.

APOCALYPSE: du grec *apokalupsis*, *révélation.* En ce qui nous concerne il s'agit de l'apocalypse de Saint Jean, mentionnée à plusieurs degrés du REAA.

APOCRYPHE: du terme grec *apokruphos* qui signifie *caché*. Se dit, dans la tradition Écossaise, de ces livres des Écritures écartées à diverses époques par la hiérarchie religieuse (juive ou chrétienne) car non conformes au dogme courant (par exemple le Livre d'Énoch). Il est arrivé que des apocryphes soient plusieurs fois, successivement, éliminés des (et réintégrés aux) textes sacrés.

APOLYON: terme grec signifiant *ils exterminent, ils détruisent, perdition* et mentionné dans Apoc. IX-11, dans la même phrase qu'**AVADON***. Les deux mots y sont donnés comme le nom de l'Ange de l'Abîme. Cité par V.

ARBRE (SEPHIROTIQUE, DE VIE, DE LA CONNAISSANCE, etc): structure symbolique d'origine kabalistique (voir **KABALA**) qui arrange les **SEPHIROT*** de manière graphique et formelle, en triangles et losanges, afin de présenter symboliquement diverses idées et aspects de l'oeuvre de Création. Dans le REAA, ces arbres ne furent empruntés à la Kabala que très récemment et de manière extrêmement superficielle.

ARCHE: du latin vulgaire *arca*, c'est à dire *boîte* ou *coffre*. Se méfier de spéculations dues à l'homonymie de ce mot avec celui qui suit, car elle n'existe pas dans toutes les langues! En anglais, par exemple, Arche de Noé se dit "Noah's Ark" et l'arche d'un pont "the arch of a bridge". La confusion s'amplifie encore du fait de l'**ARCHE DE L'ALLIANCE***, car le "coffre" de l'Alliance et le "bateau" de Noé s'appellent dans le texte biblique, respectivement, **ARON*** et **TEVAH***. Dans le domaine des arches bateaux, se souvenir de l'arche (**TEVAH***) en roseaux de papyrus qui sauva la vie du bébé **MOÏSE*** (Ex. II-3).

ARCHE: du latin *arcus*, signifiant *arc*. Voûte, ouvrage de maçonnerie arrondi dans un plan vertical qui sert à soutenir et à distribuer le poids des parties supérieures d'un édifice. Terme architectural, non biblique.

ARCHE DE L'ALLIANCE: du latin vulgaire *arca*, c'est à dire *boîte* ou *coffre*. Traduction de l'hébreu **ARON HA-BERITH** (voir les deux mots, HA n'étant qu'un article). Le coffre en bois d'**ACACIA***, rehaussé d'or (Ex. XXV-10),

---

qui servit tout d'abord à transporter les Tables de la Loi dans le désert et, plus tard, (1 Rois VIII-6), à les conserver dans le **TEMPLE*** de Salomon **(SHELOMO*)**.

ARCHE DE NOE: du latin vulgaire *arca*, c'est à dire *boîte* ou *coffre*. Traduction de l'hébreu **TEVATH NOAKH*** (voir **TEVAH; TEVATH** n'en est qu'une déclinaison). Gen. VI-14 (et la suite) en racontent l'histoire en grand détail. De nombreux degrés et des rites divers dont le Rite d'Adoption en utilisèrent le symbolisme (au fait assez élitiste) fait de vie, d'espoir et de renaissance.

ARCHE ROYALE, ou simplement **ARCHE**: le nom de plusieurs systèmes maçonniques et de plusieurs degrés dont le point commun est, le plus souvent, le symbolisme de l'**ARCHE DE L'ALLIANCE***. Certains érudits (CG, MB) pensent, avec raison, qu'il y aurait une relation avec la Maçonnerie d'Arche ou **ARCH MASONRY*** (par opposition à la Maçonnerie Carrée ou **SQUARE MASONRY***) mais ceci est en dehors du but de cet ouvrage, car appartenant à la Maçonnerie Opérative. Voir aussi **ROYAL ARCH**.

ARCHI-LOGE: du grec *arkhein*, *commander*, et de loge. Nom de la Loge à un certain degré. Le préfixe **ARCHI-** indique quelque chose qui est au-dessus ou au-delà d'autre chose, souvent une qualité (ou un défaut) portée à son extrême.

ARCHITECTE: mot relativement récent, qui apparaît pour la première fois en français et par écrit en 1510, chez Jean Lemaire. Vient du latin *architectus*, *inventeur*, *auteur*, *artisan*, emprunté à son tour au grec *arkhitektôn*, qui voulait dire *chef des ouvriers du bois*. Un architecte était celui qui savait tracer les plans d'un édifice mais qui savait aussi le construire.

ARCH MASONRY: anglais; peut être traduit par *Maçonnerie d'Arche*, par opposition à la Maçonnerie Carrée ou **SQUARE MASONRY***, mais aussi par *Archi-Maçonnerie* ou *Super-Maçonnerie*. S'applique dans plusieurs rites aux degrés supérieurs au troisième, ainsi qu'à la Maçonnerie Opérative. Le terme est souvent appliqué aussi aux Capitular Degrees, c'est-à-dire aux degrés du rite d'York qui culminent avec celui de **ROYAL ARCH*** Mason.

ARDAREL: ce mot est donné comme le nom de l'Ange du Feu dans certains rituels. C'est sans doute une invention tirée d'une des versions du Sefer Raziel ou des Clavicules de Salomon. Son auteur a visiblement mâtiné le verbe latin *ardere*, brûler, avec le suffixe hébreu **EL** qui signifie Dieu, de Dieu.

ARDENS GLORIA SURGIT: latin; *la gloire ardente se lève*. Traditionnellement traduit par *un jour de gloire éclatante se lève*.

A

ARDRIEL: voir **ARDAREL.**

ARÉOPAGE: du grec *areios, d'Arès* (Mars) ou *des combats,* et *pagos, pointe, rocher.* Donc, *pointe* ou *rocher des combats* ou *d'Arès (Mars).* Nom donné, non sans une certaine ironie, au conseil et à la cour qui siégeaient sur cette pointe Ouest de l'Acropole d'Athènes. Le nom de la Loge à certains degrés. Des gens, autrement très bien sous tous rapports, prononcent ou même écrivent ce mot **aéropage.** Tant pis pour eux.

ARK ROYAL: utilisé dans la Franc-Maçonnerie anglo-américaine, ce terme se réfère spécifiquement à l'**ARCHE* DE L'ALLIANCE.** Très souvent confondu avec le degré de **ROYAL ARCH*** Mason au rite d'York et avec le degré écossais de **ROYAL[E] ARCH[E]*.**

ARON (aleph, resh, vav, noun): *arche, armoire, cercueil, coffre, couffin.* En ce qui nous concerne, il s'agit de l'**ARCHE DE L'ALLIANCE*,** faite en bois de *shittin,* où étaient conservées les Tables de la Loi (voir **ACACIA**). Ne pas confondre avec **AARON*.**

ART: du latin *ars, artis, métier, technique.* Le mot garde ce sens en français jusqu'au 17ᵉ siècle. C'est dans ce sens qu'il est souvent appliqué à la Franc-Maçonnerie.

ARTAXERXES ou **ARTAXERCES:** forme hellénisée du Parsi *Khartakhshayarsha,* qui veut dire *brave guerrier.* Rois achéménides de Perse. Le premier, Artaxerxès I Longimanus, que l'on identifie à Cambyse, fit suspendre la réparation des murs de Jérusalem après la reconstruction du Temple (Ezra IV-7). Cette réparation avait été permise, environ un siècle plus tôt, par **CYRUS*** et commencée par **ZERUBAVEL*.** Par la suite, son échanson **NEKHEMIAH*** obtint de lui la reprise de ces travaux et même leur financement. Au cours de la septième année du règne du second, Artaxerxès II Mnemon, **'EZRA*,** prêtre et scribe, revint de Babylone à Jérusalem (Ezra VII-1) pour remettre un peu d'ordre dans la pratique religieuse, passablement négligée par les successeurs de **ZERUBAVEL*.** Le roi finança même ce retour et fournit des vaisseaux sacrés pour le Temple. Le dernier enfin, Artaxerxès III, n'est pas intéressant en ce qui nous concerne.

ART ROYAL: le terme existe déjà dans la Maçonnerie Opérative et le mot **ART*** y est sans aucun doute utilisé dans son sens ancien. De nos jours il désigne la Franc-Maçonnerie. Son origine est discutée et discutable, mais une parenté avec la terminologie alchimique n'est pas à écarter. Il se peut aussi qu'il s'agisse d'une déformation d'**ARK ROYAL*** ou d'**ARCHE ROYALE*.**

ATA ou **ATAH** (aleph, tav, hé): *toi.* Noter que ce mot contient la première et la dernière lettre de l'alphabet hébreu, ainsi que le hé, symbole de vie.

ATAR (aleph, tet, resh): *fermé* (Psa. LIX–15).

'ATAR (aïn, tet, resh): *couronner* (Psa. VIII–5).

'ATARAH (aïn, tet, resh, hé): *diadème* (2 Sam. XII–30). Autre nom donné à la dixième **SEPHIRA***. Voir aussi **YESOD 'OLAM**.

ATER: D. dit *fermé*, mais ce serait plutôt **ATAR***. Voir aussi **'ATAR, ATHAR** et **'ATHAR**.

ATHAR (aleph, tav, resh): le mot a deux sens; *place* (Ezra V–15) et *après* (Dan. II–39).

'ATHAR (aïn, tav, resh): *implorer* (Gén. XXV–21). Le mot apparaît encore trois fois dans la Bible, avec trois sens supplémentaires: *trompeur* (Prov. XXVII–6), *multiplier, rendre abondant* (Eze. XXXV–13) et *épais* (Eze. VIII–11).

ATHÉE: du grec **a**, préfixe privatif, et **theos**, Dieu. Souvent cité sous la forme **ATHÉE STUPIDE**. Du point de vue de la Franc–Maçonnerie c'est celui qui nie l'existence de tout principe créateur. A distinguer d'**AGNOSTIQUE**, du grec **a**, préfixe privatif, et **gnosis**, connaissance, celui qui affirme ne pas savoir, ou qui ne pense pas que l'existance ou l'inexistance d'une Cause Première puisse (ou doive) être prouvée. Surtout à ne pas prendre littéralement, comme un simple épithète péjoratif. Les divers Rites et Obédiences en donnent des interprètations assez profondes et complexes.

ATHERSATA, ou **ATHERSATHA**: une forme phonétique erronée de **HA-TIRSHATHA***.

ATHIRSATA, ou **ATHIRSATHA**: une forme phonétique erronée de **HA-TIRSHATHA***.

ATTOUCHEMENT: de **ad**, préposition latine qui régit l'accusatif, à dans notre cas, et de *toucher*, du latin populaire **toccare**, expression onomatopéique signifiant d'abord *heurter* (comme dans "tocsin") et ensuite *toucher*. En Maçonnerie les **ATTOUCHEMENTS**, des manières particulières de se serrer la main, permettent aux frères de se reconnaître entre eux à chaque degré. En effet, chacun des 33 degrés du REAA possède, en dehors de ses **SIGNES*** et **MOTS***, ses **ATTOUCHEMENTS** propres. Cette tradition extrêmement ancienne, qui est aussi celle du Compagnonage, rend toute imposture très difficile.

A.U.T.O.S.A.G.: acronyme de la phrase latine *Ad Universi Terrarum Orbis Summi Architecti Gloriam*. Veut dire en réalité *"à la gloire du Suprême Architecte de tout le disque de la Terre"* et, traditionnellement, *"à la Gloire du Grand Architecte de l'Univers"*.

A

A.U.T.O.S.A.G.A.I.: acronyme de la phrase latine *Ad Universi Terrarum Orbis Summi Architecti Gloriam Ad Infinitum.* Veut dire en réalité *à la gloire du Suprême Architecte du disque de toute la Terre, pour l'Eternité* et, traditionnellement, *à la gloire du Grand Architecte de l'Univers, pour l'Eternité.*

A.U.T.O.S.A.G.I.: acronyme de la phrase latine *Ad Universi Terrarum Orbis Summi Architecti Gloriam Ingentis.* Veut dire en réalité *à l'immense gloire du Suprême Architecte du disque de toute la Terre* et, traditionnellement, *à la grande gloire du Grand Architecte de l'Univers.*

AVAD (aleph, beth, daleth): *perdre, perdit* (1 Sam. IX-3). V. l'utilise à la place d'**AVADON***.

AVADON (aleph, beth, daleth, noun): *désespoir, perdition, destruction, mort, extermination* (Job XXVIII-22); nom de l'*Ange de l'Abîme* (Rév. IX-11); *le gouffre infernal* (Prov. XV-11). Voir aussi **APOLYON**.

AVI (aleph, beth, iod): *mon père* (Gén. XX-12).

AVIRAM (aleph, beth, iod, resh, mem): *père exalté.* Traditionnellement et selon V., un des trois meurtriers avec **ROMVIL** et **GRAVELOT** ou **GARAVLOT** (voir ces noms). Voir aussi: **STERKIN** ou **STOLKIN**, **ZEOMET** et **ELEHAM; JOHABEN** ou **JOCABERT** ou **JOHABERT, ELECHIOR** et **TERCY; TOFFET, TABAOR** et **EDOM**. Selon la Bible, un de ceux qui conspirèrent avec Korah, dans le désert, contre Moïse. La terre s'ouvrit et ils furent tous engloutis (Num. XVI-1). Autre **AVIRAM**, le fils aîné de Hiel de Bethel; il mourut parce que son père avait encouru la malédiction de Josué en rebâtissant les murs de Jéricho (1 Rois XVI-34).

AVRA (aleph, beth, resh, aïn): *père mauvais.* Cette traduction (correcte) donnée par V. à ce mot qui répondrait à **ADONAÏ*** le rend tout aussi improbable que l'interprétation traditionnelle, *roi sans tache.* En ce qui me concerne, j'incline plutôt pour **'AVAR** (aïn, beth, resh), *il est passé.*

AVRECA ADONAI RECOLGETHO THAMITH REPHI: voir **EVARKHA ETH ADONAI BEKHOL ETH; TAMID TEKHILATO BEPHI.**

'AZARIAH (aïn, zaïn, resh, iod, hé): *Dieu a aidé* ou *aide de Dieu.* Un nom très commun dans la Bible. C'est une autre forme de **ELIEZER** (Eléazar, Lazare). Probablement celui cité dans 1 Rois IV-5, chef des officiers de Salomon.

AZARIAS: forme hellénisée d'**AZARIAH***.

B: voir **BO'OZ**.

B.A.: Buisson Ardent.

BA'AL (beth, aïn, lamed): *possesseur, maître*, dans tous les sens du terme (Ex. XX-8). La divinité principale des Canaanéens, avec la déesse Ashtaroth (Num. XX-41).

BAANA: voir **BA'ANA**.

BA'ANA (beth, aïn, noun, aleph): *fils de la douleur. patient.* Ce nom fut porté par un certain nombre de personnages dans la Bible. Le **BA'ANA** qui nous intéresse est très probablement un de ceux qui revinrent à Jérusalem avec **ZERUBAVEL**° et participèrent à la reconstruction du mur d'enceinte de la ville (Néh. III-4).

BA'ANAH (beth, aïn, noun, hé): *fils de la douleur.* Ce nom fut porté par un certain nombre de personnages de la Bible. Le **BA'ANAH** qui nous intéresse est très probablement un de ceux qui revinrent à Jérusalem avec **ZERUBAVEL**° et participèrent à la reconstruction du mur d'enceinte de la ville (Ezra II-2). Il se peut aussi que ce soit la même personne que **BA'ANA**.

BABEL: voir **BABYLONE**.

BABYLONE: forme française du mot grec *Babulon*, lequel vient du chaldéen *Bab-Il, Porte de Dieu*. La forme hébraïque, telle qu'elle est donnée dans la Bible (2 Rois XVII-24), reproduit la prononciation chaldéenne du mot, **BABEL** ou **BAVEL** (beth, beth, lamed), mais signifie *confusion*. La ville et son symbolisme vaste et varié, qu'il s'agisse de celui de sa fondation par **NIMROD**, de la construction de la **TOUR DE BABEL**° par **PELEG**°, de sa victoire sur Israël (et donc de la destruction du **TEMPLE**°), enfin du séjour et des prophéties qu'y fit Daniel, sont utilisés dans de nombreux degrés du REAA.

BAGOEL KOL (beth, guimel, aleph, lamed, - kaph, lamed): *tout est dans le libérateur* (ou *dans le rédempteur*). De **GAAL** (guimel, aleph, lamed), *racheter, délivrer, affranchir* (Gén. XLVIII-16). Si **KOL** est traduit comme *voix*, cela pourrait être: *dans le libérateur* (ou *le rédempteur*) *est la voix*. Cette expression en tant que telle n'existe pas dans la Bible.

BAGUE: il existe plusieurs bagues au REAA, au moins une mythique et trois réelles. Celle mythique est la bague de Salomon, celle qui portait son **SCEAU**°, qu'il s'agisse du **PENTAGRAMME**° ou du **HEXAGRAMME**°. Quant aux bagues réelles, trois degrés du REAA ont traditionnellement droit à une bague. L'une de celles-ci porte la lettre **IOD**° dans un triangle; les deux autres portent des aigles bicéphales.

B

BAGUIKAL: expliqué souvent comme le nom du chef du tabernacle, favori du roi. Très douteux. Plus probablement une déformation de **BAGOEL KOL** ou éventuellement de **BO HAKOL***.

BAGULCAL ou BAGULKAL: sans doute une déformation de **BAGOEL KOL** ou de **BO HAKOL***.

BAGULKAL PHARASCAL: déformation de **BAGOEL KOL** et de **PARASH KOL***.

BAHABAH AHHALEK IM HEANI: déformation de **BEAHAVAH EKHALEK 'IM HE'ANI***.

BAHABAH AHHALLEK NGIM HENGANI: déformation de **BEAHAVAH EKHALEK 'IM HE'ANI***.

BAHANAH: déformation de **BA'ANAH.**

B. A. I.: initiales de **BENCHORIM ACHAR IAKINAI***.

BALTHAZAR: voir **BELSHAZZAR** et **BELTESHAZZAR**. D. dit que ce nom serait de l'hébreu et signifierait *qui ne thésaurise point.* C'est possible en forçant un peu, mais très improbable.

BAME'ARAH (beth, mem, aïn, resh, hé): *dans la caverne* (Gén. XIX-30). De **ME'ARAH***, *caverne.*

BANAHAMEL JON HAMEY: déformation extrême de **BEAHAVAH EKHALEK 'IM HE'ANI***.

BATTERIE: du latin ancien *battuere,* puis *battere, battre.* Un groupe de canons dans un fort, ou sur un navire de guerre. Dans le REAA, un applaudissement rituel, synchrone et stylisé. La batterie est caractérisée autant par le nombre de coups que par leur rythme et leur intensité, différents selon les grades et parfois à l'intérieur d'un même grade, suivant les circonstances.

BAVEL: voir **BABYLONE.**

B.B.: anglais; Burning Bush, c'est à dire Buisson Ardent.

B.D.S.P.H.G.F.: il s'agirait l'acronyme des mots: *Beauté, Divinité, Sagesse, Puissance, Honneur, Gloire, Force.* Il apparaît tel quel, pour la première fois, chez Vuillaume en 1830, puis dans de très nombreux rituels du grade visé. Ces lettres apparaissent à plusieurs endroits de la Loge à ce degré, surtout sur sept sceaux attachés à un livre et dont l'idée est tirée sans aucun doute de l'**APOCALYPSE*** de Jean (Ap. V), excepté pour le fait que ce dernier ne mentionne pas de lettres sur les sceaux. Le choix des sept mots est curieux, leur ordre aussi, car ne correspondant à aucune série connue, kabalistique ou chrétienne. Il semble possible que derrière cette explication très simple se cache autre chose.

BEA: (beth, hé): *dans elle* (la caverne, la tente, etc.). Terme générique trop courant dans la Bible pour en donner des références.

BEAHAVAH EKHALEK 'IM HE'ANI (beth, aleph, hé, beth, hé – aleph, kheth, lamed, koph – aïn, mem – hé, aïn, noun, iod): *avec amour je partagerai avec le pauvre.* Les mots isolés se retrouvent bien sûr tous dans le Volume de la Loi Sacrée, mais pas la phrase en tant que telle.

BEA MA SHEHBAME'ARAH (beth, hé, – mem, hé, – shin, beth, mem, aïn, resh, hé): *dans elle est ce qui est dans la caverne.* Pas d'origine biblique. V. donne une orthographe et une traduction fausses et le sens traditionnel comme étant *Dieu soit loué! Nous avons trouvé!* ce qui correspond assez bien à la légende, mais pas du tout à une traduction correcte. Cette phrase fait partie de celles clairement fabriquées ad-hoc, par des hébraïstes de fortune, à la fin du 18e ou au début du 19e siècle.

BEGOHAL GHOL: voir **BEGO'AL KOL.**

BEGOHAL KOL: voir **BEGO'AL KOL.**

BEGO'AL KOL (beth, guimel, aïn, lamed, – kaph, lamed): *abomination, horreur.* De **GA'AL** (guimel, aïn, lamed): *avoir en abomination,* ou *en horreur* (Lév. XXVI-30). Selon V., *en dégoût de tout.* Traduction correcte mais le mot lui-même est très improbable dans le contexte du grade visé. Il faudrait plutôt penser à une déformation de **BO HAKOL°.** MBC pense aussi à **BAGOEL KOL°.**

BELSAN: le nom est tellement déformé qu'il est impossible d'en deviner l'origine. Selon la tradition, un des douze chefs du peuple lors du retour de Babylone. Bien entendu, il n'existe pas de parallèle biblique de ce personnage.

BELSHATSAR: voir **BELSHAZZAR** et **BELTESHAZZAR.**

BELSHAZZAR: parsi pour *chef élu par Dieu.* Le fils de Nabuchodonosor (**NEBOUKHADNETSAR°**) et dernier des rois de Babylone (Dan. V-1). Se souvenir du "festin de Belshazzar", de ce qu'un doigt invisible écrivit sur le plâtre du mur de la salle et de l'interprétation que **DANIEL** en donna.

BELTESHAZZAR (Balthazar): parsi pour *le chef élu par Dieu.* Nom donné à **DANIEL°** (Dan. I-7) par le chef des eunuques de **NEBOUKHADNETSAR°** pour remplacer son nom hébreu.

B

BEN (beth, noun): *fils* (Gén.IV-17), *fils de..., descendant de..., membre de..., âgé de..., ayant la qualité de...* Cette liste n'est pas exhaustive car on dénombre dans la Bible quelque trente utilisations différentes de ce mot.

BEN 'AKAR (beth, noun, – aïn, koph, resh): *fils stérile* (ou *trouble*). Le mot est mentionné par V., mais il est inexistant dans les Écritures. Improbable en tant que mot sacré.

BENACA: c'est probablement une déformation de **BEN-HAKAR***. Mot donné par D. avec une traduction incorrecte.

BEN ADAM (beth, noun, – aleph, daleth, mem): *fils de l'homme*. Les Évangiles citent souvent, comme si elle était inhabituelle, cette expression populaire hébraïque pour *homme*, courante en Terre Sainte depuis la plus haute antiquité et très semblable dans son sens idiomatique au *hombre* espagnol.

BENAGEL: le nom est tellement déformé qu'il est impossible d'en deviner l'origine. Selon une tradition, le surveillant des ouvriers de la tribu d'Issachar. Bien entendu, il n'existe pas de parallèle biblique de ce personnage.

BENAIAS: hellénisation de **BENAYAH***, rencontrée très couramment dans la littérature biblique. Mentionnée par V.

BENAYAH (beth, noun, iod, hé): *Dieu est intelligent* (de **BINAH***). Un preux de David, devenu général du roi Salomon après avoir tué Joab, lequel défendait à l'époque les prétentions au trône d'Adonias contre son demi-frère **SHELOMO*** (1 Rois II-35). Même orthographe, même prononciation: *bâtisseur*. Aussi: *bâti par Dieu*. Des confusions ont toujours été faites entre ces interpretations, toutes interchangeables et correctes. MBC rappelle que c'est le nom de l'expert à un certain degré, car il faut être maître bâtisseur avant d'être expert.

BENCHANAEL JON HAMEY: déformation extrême de **BEAHAVAH EKHALEK 'IM HE'ANI***.

BENCHORIM: voir **BEN KHORIM**.

BENCHORIM ACHAR IAKINAI: voir **BEN KHORIM HAKAR YAKINAI***.

BENCHORIM HAKAR KI JAH: probablement **BEN KHORIM* HAKAR* HAI* YAH***, *fils d'homme libre* (de noble) *reconnu, Dieu est vivant!*. Cette phrase est gauche comme syntaxe et paraît avoir été fabriquée ad-hoc par un hébraïste approximatif.

BENCORIM ACHARD JAKINAI: voir **BEN KHORIM HAKAR YAKINAI***.

BENDAKA (beth, noun, daleth, kaph, aleph): *fils accablé* (*humilié, opprimé, déprimé*). V. donne ce mot, en le traduisant par *fils contrit* et avec une référence biblique erronée, car en réalité il est introuvable dans les Écritures. Il s'agirait plutôt d'une déformation de **BEN DEKER.**

BENDECAR: déformation de **BEN DEKER°.**

BEN DEKER (beth, noun, – daleth, koph, resh): *fils de* **DEKER**, nom qui veut dire *coup de poignard.* **BEN DEKER** était l'un des douze intendants nommés par Salomon sur tout Israël (1 Rois IV-9).

BEN GABEL: selon V., une déformation de **BEN GUEVER°.** Peut-être aussi une déformation de **BEN GUIBBOR°.** Un des douze intendants qui avaient été nommés par Salomon sur tout Israël.

BENGABER: déformation de **BEN GUEVER°** ou de **BEN GUIBBOR°.** Ce serait le préfet de Salomon dans le pays de Gath, selon la tradition.

BEN GUEVER (beth, noun, – guimel, beth, resh), *fils d'homme* (*ou fils de coq*) (1 Rois IV-13).

BEN GUIBBOR (beth, noun, – guimel, beth, vav, resh), *fils d'un homme courageux* (*d'un héros, d'un preux*).

BENIAH: voir **BEN YAH.**

BENJAMIN: voir **BENYAMIN.**

BEN KHORIM (beth, noun, – kheth, vav, resh, iod, mem): *fils de noble, fils d'homme libre* (Eccl. X-17), *membre d'une élite.* De **KHORIM**, *nobles,* mot qui n'a pas de singulier (1 Rois XXI-8), et de **BEN°**, *fils.*

BEN KHORIM HAKAR YAKINAI: *fils d'homme libre* (*de noble*) *reconnu, Dieu est ferme* (ou stable). Assez gauche comme syntaxe, cette phrase semble avoir été fabriquée ad-hoc, comme d'autres phrases de ce genre, par un hébraïste de fortune vers le début du 18° siècle. D. la traduit par *le fils des nobles est ferme devant celui qui trouble tout.* Tout à fait faux.

BEN YAH (beth, noun, – iod, hé): *fils de Dieu.* V. le mentionne à la place de **BENAYAH°.** Même orthographe; la prononciation est l'une de celles possibles.

BENYAMIN (beth, noun, iod, mem, iod, noun): *fils de la main droite* ou *fils de la vieillesse.* Nom du cadet des douze fils de Jacob, le seul né en Terre Sainte. Sa mère Rachel, qui mourut en lui ayant donné le jour, le nomma **BEN ONI**, *fils de ma douleur* (Gén. XXV-18). Son père Jacob changea ce nom en **BENYAMIN** (Gén. XXXV-18). C'est aussi le nom de la tribu dont il fut l'ancêtre, ainsi que du territoire de celle-ci (Num. I-11).

BEOHAL KOL: ce mot est sans doute une déformation, soit de **BAGOEL-KOL***, soit de **BO-HAKOL***. Souvent traduit incorrectement (mais tradition-nellement) comme *tout évolue en soi-même.*

BERIT: voir **BERITH**.

BERITH (beth, resh, iod, tav): *traité, alliance.* Plus spécifiquement et en ce qui nous concerne, il s'agit de l'Alliance contractée entre Dieu et Abraham "parmi les chênes de Mamré" (Gén. XV-18) et reconfirmée entre Dieu et le peuple élu sur le mont Sinaï, par l'intermédiaire de Moïse (Ex. XIX-5).

BERITH NEDER SHELEMUTH: ce n'est pas une phrase, mais un enchaînement de mots. Les voir séparément.

BERTAMER: le nom est tellement déformé qu'il est impossible d'en deviner l'origine. Selon une tradition, le surveillant des ouvriers de la tribu d'Asher. Bien entendu, il n'existe pas de parallèle biblique de ce personnage.

BETSALEL (beth, tsadik, lamed, aleph, lamed): *dans l'ombre de Dieu.* Y. le traduit par *Dieu est protection.* Le fils d'Uri et de Myriam, soeur de Moïse. Fameux artisan du Temple, il fut associé avec **OHOLIAV*** à la construction du Sanctuaire et à la confection des divers objets du culte (Ex. XXXI-2).

BETSELEEL: voir **BETSALEL**.

BIKKORETH (beth, koph, resh, tav): *jugement, examen, critique.* N'est utilisé qu'une seule fois par la Bible (Lev. XIX-20) dans le sens de *châtiment corporel.* Incorrectement traduit par V. et par d'autres comme *vengeance.* Selon MBC, il s'agirait de vérifier si l'assassin est dans la caverne. MBC se demande aussi s'il ne s'agirait pas d'une déformation de **BEKARETH** (beth, koph, resh, tav), *en retraite, en coupure (du monde).* ST. nous dit: *enquête, réprimande, châtiment, flagellation se faisant avec un fouet en cuir de boeuf.* L'idée d'origine n'est pas de ST, car elle se retrouve aussi dans l'oeuvre de Tempestini et prend certainement ses sources dans des écrits sabatéens tardifs, mais remarquable imagination quand même.

BINAH (beth, iod, noun, hé): *intelligence, compréhension, connaissance. jugement* (Deut. IV-6). De **BIN** (beth, iod. noun), *comprendre. juger, connaître.* La troisième **SEPHIRA***. Certains rituels la comparent avec *une Vierge-Mère enfantant les images originelles des choses.* La responsabilité de cette formulation tardive et fantaisiste, qui ne

B

correspond aucunement à la philosophie des Sephirot, appartient à ses auteurs.

BLEU: selon le Littré, la couleur du ciel sans nuages. Cette couleur, seule ou associée à d'autres, se retrouve dans plusieurs degrés tout en étant considérée comme spécifique aux trois premiers. De son symbolisme très riche et varié, il n'est pas possible de mentionner ici beaucoup plus que son symbolisme cosmique évident. Son introduction dans la Franc-Maçonnerie remonte probablement à une décision de la Grande Loge Unie d'Angleterre. Vers le milieu du 18ᵉ siècle celle-ci, après avoir d'abord opté pour le blanc, choisit le bleu comme couleur officielle de l'Ordre Maçonnique. Malheureusement, le motif précis de cette décision n'apparaît jamais dans aucun document, mais le symbolisme cosmique du bleu me paraît être une explication assez acceptable. Une autre raison valable, surtout du point de vue anglais, serait la comparaison avec les pointes du compas, en acier bleuté, par rapport au mécanisme en cuivre rouge ou laiton qui symboliserait, lui, les autres degrés. Parmi toutes ces explications, il faut retenir aussi le bleu du cordeau des Compagnons.

B.N.S.: voir **BERITH NEDER SHELEMUTH.**

BO HAKOL (beth, vav, – hé, kaph, lamed): *tout est en Lui.* De **BO**, *en lui*, et **KOL**, *tout;* **HA** est un article; termes bibliques courants. Quant à **BO HAKOL**, c'est aussi un terme courant dans les prières et la littérature kabalistique et homilétique.

BOHAZ déformation de **BO'OZ***.

BO'OZ ou **BO'AZ** (beth, aïn, [vav], zaïn): les deux prononciations sont correctes; *force, dans Lui est la force.* C'est l'une des deux colonnes en cuivre (**NECHOSHET**) que **KHIRAM*** fondit pour le Temple de Salomon (1 Rois VII–21). C'est aussi le nom de l'arrière-grand-père de Salomon (Ruth IV), époux de Ruth la Moabite. Le doute subsiste quant à la métallurgie exacte des colonnes (et d'autres objets sacrés de grande taille) du Temple. La Bible dit cuivre, ce qui est plausible. Le bronze, alliage de cuivre et d'étain, était bien plus cher. Sa dureté supérieure n'était pas justifiée pour des objets aussi massifs. La même objection vaut pour l'airain (alliage de cuivre, d'arsenic et d'étain) et pour le laiton (cuivre et zinc).

BORNE: du latin populaire *bodina*, à travers le vieux français *bodne*. Un arbre servant de *jalon*, pour *délimiter un terrain* ou *un pays*. Voir aussi **LANDMARK***.

BOULOMIE: du grec *boulomai, souhaiter, vouloir;* le terme est extrait des Évangiles (Matt. XI–27). C'est le nom de la Loge à un certain degré. Le sens traditionnel, pour une fois très proche du sens réel, est *lieu où l'on veut.*

B

BROACHING TURNAL: anglais; *marteau à pointe*. Élément de symbolisme opératif totalement disparu du REAA français à notre époque mais conservé dans les rituels anglais et dans ceux issus des rituels anglais.

BRUCE: il s'agit de Robert the Bruce (du clan Bruce) lequel, roi d'Écosse
au 14e siècle, aurait recueilli et aidé certains chevaliers **TEMPLI-
ERS** réfugiés dans son pays et qui lui auraient apporté leur aide lors
de la bataille de Bannock Burn contre les Anglais. En signe de re-
connaissance, Robert the Bruce aurait crée en leur faveur, en 1314,
l'ordre de chevalerie des Écossais de Saint André, avec un chapitre
à **KILWINNING** et qui aurait été à l'origine de la loge du même nom.
De cet ordre seraient issus le Royal Order of Scotland, composé du
degré de Heredom de Kilwinning et de celui de Rosy Cross, ainsi que
les divers rites Écossais. C'est une belle légende, beaucoup plus
riche et plus compliquée que ce résumé. Il n'existe malheureusement
pas de preuves historiques quant à sa véracité. Ni d'ailleurs pour
l'invalider.

C

CABALE ou **CABALA**: autres orthographes, les plus courantes mais non les plus exactes de **KABALA***. **CABALE** surtout a acquis en Français un sens de complot, de manigance, de manoeuvre, qui est très éloigné des buts et des principes de ce vaste et très ancien système ésotérique et philosophique.

CAKI: D. traduit ce mot par *il se relève*. Il s'agit probablement d'une déformation de **HI***.

CAÏN (koph, iod, noun): *forgeron, travailleur des métaux* (Gén. IV-1). Vient du chaldéen comme l'arabe *qayin* et se prononce Caïne. Mot traduit par D. et V. comme *possesions*, ce qui est faux.

CALÉDONIE: nom ancien de l'Écosse.

CAMAEL: déformation de **KHAMALIEL***.

CAMP: du latin *campus, champ,* par l'italien *campo, champ,* dans le sens de *camp militaire.* Mot utilisé à certains degrés soit pour désigner pour donner la position géographique de la Loge, tout comme **ZÉNITH***, **VALLÉE*** et **ORIENT*** à d'autres degrés.

CAPITULAIRE: même origine que **CHAPITRE***. Se dit des degrés conférés dans des chapitres.

CARRIÈRE: du latin populaire *quadraria, lieu ou on équarrit* (rend carrés) *les blocs de pierre.* Chaque **PIERRE*** du **TEMPLE*** fut façonnée dans les carrières, car aucun outil en **MÉTAL*** ne devait être entendu dans son enceinte (1 Rois VI-7). Il y a certains qui croient à une **CARRIÈRE MAÇONNIQUE** (et en parlent beaucoup). Je ne sais pas bien ce que cela veut dire.

CASMARAN: ce mot est donné dans certains rituels comme étant le nom de l'Ange de l'Air. Il n'a pourtant aucune signification, ni en hébreu ni dans une autre langue. L'impression qu'il donne est plutôt d'avoir été tiré d'une des versions du Sefer Raziel ou des Clavicules de Salomon qui eurent leurs heures de gloire à partir du milieu du 18e siècle.

CASSIA: déformation d'origine anglaise d'**ACACIA*** d'une part (c'est sous cette forme qu'on le retrouve dans de nombreux rituels anglais), mais à rapprocher aussi de **CASSIE**, mot français méridional pour **ACACIA** tiré du provençal *cassio,* altération d'*acacio.*

C.D.T.I.C.: je ne connais pas pour l'instant d'interprétation certaine pour cet acronyme. V. mentionne des sources selon lesquelles il s'agirait des initiales, dans le désordre, des cinq ordres architecturaux, ainsi que l'hypothèse qu'il dit préférer: ces lettres seraient la transcription de kaph, daleth, tav, iod, kaph, initiales de **KEVED**, *grandeur,* **DEVEK,**

C

union, **TOKAT**, *force*, **YOPHI**, *beauté* et de **KHILA**, *perfection*. L'ennui c'est que **KEVED** veut dire *poids*, *lourdeur*, que **TOKAT** ne veut rien dire du tout et que **KHILA** veut dire *anéantir*, *achever*, *détruire*. Il n'y a en fin de compte que les deux mots restants qui soient justes. Tout ceci me paraît encore une fois comme une tentative maladroite d'hébraïser un acronyme qui n'avait très probablement rien d'hébraïque au départ.

CELUI QUI...: remplace le nom de **JÉSUS*** dans de nombreux rituels qui, pour une raison ou une autre, évitent de nos jours de mentionner ce nom.

CENE: du latin *cena*, *repas principal de la journée* qui se prenait, chez les romains et partout ailleurs dans le bassin méditérannéen, vers 3 heures de l'après-midi. Très souvent confondu avec notre *dîner* ou *repas* du soir. L'erreur vient de la traduction inexacte que donne la Vulgate du mot grec *deipnon* utilisé par les Évangiles (Jean XII-2) et qui veut effectivement dire, lui, *repas du soir*.

CHAI: voir **HAI**.

CHAM: voir **KHAM**.

CHAMALIEL: déformation de **KHAMALIEL***.

CHANOK: déformation de **KHANOKH***.

CHAPITRE: du latin *capitulum*, diminutif de *caput*, *tête*. Dans le contexte qui nous concerne, ce terme se référait d'abord à une *réunion des chanoi nes* d'une église collégiale ou cathédrale, puis à l'*assemblée d'un ordre chevaleresque*, ainsi que le *lieu de ces réunions*. Plus tard, cela deviendra le nom de la loge à un certain degré du REAA. Voir aussi **CAPITULAIRE**.

CHARITÉ: l'une des vertus dites *théologales* (**FOI, CHARITÉ, ESPÉRANCE**) mentionnées à au moins un degré du REAA.

CHARLABAH: extrême déformation de **SHOR LAVAN***.

CHEF D'OEUVRE: des mots latins *caput*, *tête*, *qui est à la tête*, et *opera*, *travail*, *soin*, *attention*, *peine*. L'expression prend, dès le milieu du 13e siècle, le sens de *"oeuvre pour obtenir la maîtrise"*.

CHEMAL BINEM RABIRA: une extrême déformation de **GUEMOUL BINAH TEVOUNAH***.

CHEN (shin, noun): *dent*. Souvent utilisé par erreur à la place de **KHEN***, nom de l'une des **SEPHIROT***.

C

CHÉRUBIN: francisation de **KEROUVIN***, le pluriel de **KEROUV***.

C'HESED: phonétisation erronée de **KHESED***.

CHEVALIER: du latin *caballarius, homme armé à cheval*, de *caballus*, terme péjoratif pour *cheval* qui remplaça *equus* dans le latin vulgaire. Le mot apparaît pour la première fois, sous la forme *cavalier*, dans la chanson de Roland (1080). Il y a déjà le sens de *noble à cheval*. La Chevalerie a toujours véhiculé, par ses legendes et ses traditions, un enseignement moral et ésotérique non négligeable dans lequel la Maçonnerie a souvent puisé. Mais l'engouement de la Franc-Maçonnerie pour la Chevalerie en tant que telle (et pour une supposée ascendance chevaleresque) ne se manifeste que bien tardivement, vers le début du 18e siècle (discours du chevalier de Ramsay, 1738). Cet engouement ne s'appuie sur aucune preuve historique. Il n'est peut-être dû qu'à l'anoblissement, tout à fait fictif mais néanmoins flatteur, dont jouirait le candidat accepté dans une Loge (port de l'épée, port du chapeau). Ceci n'a pas empêché la création des quelque trois cents degrés "chevaleresques" cités par Daniel Ligou, mais dont bon nombre ne sont peut-être dus qu'à la féconde imagination de Ragon. Le REAA contient (ou a contenu) une bonne vingtaine de ces degrés.

CHIBULLUM: traditionellement, mais dans aucune langue connue, *bon maçon*. Très probablement une déformation de **ZEVOULOUN*** à travers **ZABULON** et **JIBULLUM**.

CHIEN: le plus fidèle compagnon de l'homme fait une apparition fugace au sein de la légende maçonnique. Emblème de fidélité, il accompagne un inconnu (mais dont on connaît curieusement le nom, **PERIGNON***, l'adresse et le métier) qui guide neuf maîtres à la recherche du dernier assassin.

CHIRAM: voir **KHIRAM**.

CHIVI ou CIVI: pourrait venir de **SHIVI** (shin, beth, iod), la forme impérative féminine du verbe "s'asseoir": *assieds-toi, femme!*. Selon D. ce mot voudrait dire *s'incliner* en hébreu; c'est faux. Une interprétation bien plus probable, d'après la fonction du mot dans le rituel du seul grade où il apparaît, exigerait que ce soit plutôt une déformation de **KI***.

C'HOCHMAH: phonétisation erronée de **KHOKHMAH***.

CHOUMER, NECMAN: déformation de **SHOMER* NEEMAN***.

CHOURAM: voir **KHIRAM**.

C.K.H.: français; un acronyme/abréviation de Chevalier KadosH. Voir aussi **K.K.D.H.**

C

CODESQ: altération extrême de **KODESH***.

COHANIM (kaph, hé, noun, iod, mem): *prêtres* (Gén. XLVII–22). Pluriel de **COHEN***.

COHEN (kaph, hé, noun): *prêtre* (Gén. XIV–18). Obligatoirement membre de la tribu de **COHEN**.

COHEN GADOL (kaph, hé, noun – guimel, daleth, vav, lamed): *grand prêtre* (Lév. XXI–10). Obligatoirement un membre de la tribu de **COHEN***, et pour la plus grande partie de l'histoire du Temple de Jérusalem un descendant de **TSADOK***. Le seul ayant le droit de prononcer, une fois par an, le tétragramme sacré confié par Dieu à Moïse: **YAHVÉ***.

CONSEIL: nom de la Loge à un certain degré. Du latin *consilium, avis, délibération*.

CONSEIL SUPREME: nom de la Loge à un certain degré. De **CONSEIL*** et du mot latin *supremus*, superlatif de *superus, ce qui est en haut*. C'est du sein du Conseil Suprême que sont cooptés, au fur et à mesure du besoin, les membres du **SUPREME CONSEIL***.

CONSUMMATUM EST: latin; signifie *est consommé*, mais traduit traditionnellement par *tout est consommé*. Se dit d'un sacrifice dans les degrés où sacrifice il y a.

CORDE GLADIOQUE POTENS: latin; *puissant par le coeur et par le glaive*. Encore une devise chevaleresque adoptée par le REAA.

CORNUCOPIE: du bas latin *cornucopia, corne d'abondance*. Anciennement (et encore aujourd'hui en Angleterre) le bijou d'un officier de loge bleue dont la fonction a disparu en France.

COSMOS: du grec *kosmos, ordre, beauté*. La totalité de la Création.

COUTH ou **CUTH** (caph, vav, tav): tribu guerrière de Mésopotamie, vaincue par Alexandre. Selon une légende Maçonnique, un Lévite qui cacha les secrets du Temple de Jérusalem lors de sa destruction par **NEBUKHAD-DNETSAR***. Il n'existe dans la Bible aucun parallèle de ce personnage et on peut se demander si en fin de compte il ne s'agit pas d'une déformation extrême d'un autre mot.

CRÉATEUR: le mot apparaît dans son sens actuel en 1119, chez Philippe de Thaun. Vient du latin *creator, fondateur* ou, dans un sens poétique, *père*. Il se peut que le mot soit lié aussi au grec *kratos, force*. Depuis sa première apparition dans la langue française, **CRÉATEUR** veut dire *fondateur, constructeur de l'Univers*. Plus tard on l'appliqua aussi à de grands artistes originaux comme Bach, Beethoven ou Rodin. Ce n'est que depuis peu de temps que les tenants d'un certain

---

C

snobisme essaient d'appliquer ce terme à des artisans aussi mineurs qu'éphémères.

CROIX: du latin *crux.* Symbole très ancien (que l'on trouve déjà dans des peintures rupestres) des directions de l'espace; instrument de torture romain. Il est utile de garder en mémoire les deux origines du signe si l'on veut en comprendre le symbolisme. A des degrés divers du REAA on trouve la Croix Pontificale, à cinq ou trois bras horizontaux, la Croix Patriarchale, à trois ou deux bras horizontaux, la Croix de Saint André en forme d'X, la Croix Pattée, la Croix de Malte, la Croix Latine, la Croix Grecque, dont les formes sont connues, ainsi que de nombreuses autres croix. En ce qui concerne le bois de la Croix chrétienne, voir **ACACIA.** Se souvenir que le tau et la croix ansée sont aussi des croix, avec leur symbolisme particulier.

CYRUS: forme grecque de *kurush* (persan ancien, *fils*). En hébreu **KORESH,** (kaph, resh, shin); il n'y a pas de traduction acceptée; c'est sans doute une transposition phonétique. Roi de Perse (550–529 a.l'E.V.). Souvent cité en termes dithyrambiques dans la Bible (Isa. XLIV–28, Isa. XLV–1, etc.) comme le sauveur du peuple juif exilé à Babylone et donc comme l'un des moteurs de la construction du second Temple de Jérusalem par **HA–TIRSHATHA* ZERUBAVEL*.** Selon la Kabala, son nom serait une anagramme de **KASHER,** *valable, valeureux, conforme à la Loi.*

DA'ATH (daleth, aïn, tav): *connaissance* (Gén. II-9). C'est le terme précis utilisé dans la Genèse pour l'Arbre *de la* **CONNAISSANCE** *du Bien et du Mal.* Onzième **SEPHIRA** "cachée" que la **KABALA** place évidemment entre **KHOKHMAH**, *sagesse,* et **BINAH**, *intelligence.* Apparut assez tardivement, lorsque la sephira **KETER**, sous l'influence des kabalistes des 15ᵉ et 16ᵉ siècles, se trouva de plus en plus assimilée à **EIN SOF**.

DANIEL (daleth, noun, iod, aleph, lamed): *Dieu est mon juge, Dieu est juge.* Un des quatre grands prophètes d'Israël. De sang royal, il fut emmené à la cour de **NEBOUKHADNETSAR**, à Babylone, avec trois autres enfants de Jérusalem, pour y servir peut-être d'otage. Il y grandit, devint le conseiller du roi et interpréta ses rêves que la Bible détaille et dont le symbolisme n'est pas limité au Roi. Quand il tomba en disgrâce, ses trois amis furent jetés dans un four mais survécurent miraculeusement. Ensuite il redevint conseiller du roi, puis celui de son sucesseur **BELSHAZZAR**. A un festin de celui-ci, lorsque les doigts d'une main invisible tracèrent sur le mur la phrase "MANA, MANA, TEKEL UPHARSIN", il interpréta ces mots. Lorsque **DARIUS** conquit Babylone, Daniel devint l'un de ses conseillers favoris. Il eut sa dernière vision (mentionnée dans la Bible) lors du règne du successeur de **DARIUS, CYRUS**, quatrième roi dont il fut le très écouté et respecté conseiller.

DARAKIEL ou plutôt **DARKIEL** (daleth, resh, caph, iod, aleph, lamed): *Dieu est ma voie.* Nom d'un ange. Origine non biblique. Tiré sans doute de l'angélologie tardive de la Kabala, telle qu'elle s'exprime dans le Sefer Raziel.

DARIUS: forme hellénisée du parsi *daraiavahush, celui qui soutient le bien.* En hébreu **DARYAVESH** (daleth, resh, iod, vav, shin). L'étymologie et la signification do ce nom en hébreu sont incertaines. Sans doute, il s'agit d'une simple transposition phonétique. Roi de Perse (historiquement, Darius Hystaspes, 522-486 a. l'E.V.), le successeur (ou le fils?) de Cyrus le Grand. Dès la seconde année de son règne, il permet que la reconstruction du Temple de Jérusalem par les hébreux se poursuive sous la conduite de l'**HA-TIRSHATHA** **ZERUBAVEL** (Esd. IV-5).

D.D.P.: V. dit Droit De Passer. Voir aussi L.D.P., mais surtout **PARASH MANA SHAKAL**.

DEBIR: voir **DEVIR**.

DECALOGUE: du grec *deka, dix,* et *logos, parole, verbe.* Ce sont les dix commandements donnés à Moïse sur le Mont Sinaï. Le terme s'applique aussi, mais plus rarement, aux Tables de la Loi conservées dans l'Arche de l'Alliance.

D

DELTA: du grec *delta*. Quatrième lettre de l'alphabet grec; correspond à l'hébreu **DALETH**. Les deux lettres possèdent un symbolisme propre assez complexe auquel, dans le cas de la lettre grecque, se superpose celui de sa forme ancienne (et de sa forme majuscule moderne) en triangle équilatéral. Nous n'entrerons pas dans les détails de ce symbolisme, sauf pour rappeler que le delta est parfois lumineux.

DE MOLAY: voir **JACQUES DE MOLAY**.

DE PRUSSE: Voir **FRÉDÉRIC II**.

DEUS MEUMQUE JUS: traduction en latin de **DIEU ET MON DROIT***, motto des armes du Royaume Uni.

DEUS SACRATUS MACHEM: un mélange malhabile de latin, *Dieu Sacré*, et de **MACHEM**, une déformation de **NOKEM***, *vengeur*. Le tout voudrait dire selon D. *Dieu Sacré, Vengeur*. D'accord, mais cette concoction sans élégance est sans doute une fabrication tardive.

DEUS VULT: latin: *Dieu le veut*. Encore une devise chevaleresque ancienne adoptée par le REAA.

DEVIR (daleth, beth, iod, resh): *sanctuaire*, Saint des Saints, endroit le plus sacré d'un temple (1 Rois VI-5). De **DAVAR** (daleth, beth, resh) *verbe*. Aussi *ruche*, de **DEVORAH** (daleth, beth, vav, resh, hé) *abeille*.

DEXTROGYRE: mot très récent (fin du 19ᵉ siècle) dérivé du latin *dexter*, *droit*, opposé de *gauche*, et du grec *gûros, cercle*, à travers le latin *gyrare, tourner*. *Qui tourne vers la droite*. Utilisé parfois à la place de **DEXTRORSUM*** qui est pourtant préférable, car nettement plus ancien.

DEXTRORSUM: adjectif et adverbe latin signifiant *vers la droite*. Dans le sens des aiguilles d'une montre, ou du mouvement apparent de la voûte céleste dans l'hémisphère nord. Le sens de tout mouvement dans certaines loges. Voir **DEXTROGYRE**.

DIEU: apparaît pour la première fois en français en 842, dans les "Serments", texte chrétien anonyme, sous la forme *deo*, du grec *theos* par le latin *deus*. Toutes les religions monothéistes s'accordent pour nommer ainsi l'Esprit Créateur, éternel et immanent. Dans la Franc-Maçonnerie, où certains préfèrent dire *principe* plutôt qu'*Esprit*, le terme apparut et disparut alternativement pour des raisons qui ne furent que rarement philosophiques ou spirituelles. Quant au REAA, le mot y a toujours été présent (et applicable au Grand Architecte) au sein de deux degrés au moins.

DIEU ET MON DROIT: le motto apparaissant, en français, sur les armes du Royaume Uni de Grande Bretagne, Écosse, Pays de Galles et Irlande du

Nord. Cette devise fut adoptée plus tard, dans sa traduction latine, par l'un des Hauts Grades du Rite Ecossais Ancien et Accepté. Voir **DEUS MEUMQUE JUS**.

DIEU LE VEUT: version française de **DEUS VULT***.

DIEU VOUS ASSISTE: une expression courante dans la littérature religieuse et chevaleresque, adoptée par le REAA à un certain degré.

DIN (daleth, iod, noun): *jugement, décision, rigueur* (Psa. IX–8). Autre nom de la quatrième **SEPHIRA***. Voir aussi **GEVURAH**.

DIVINE TETRACTYS: voir **TETRACTYS**.

DOMATIQUES: selon Waite, un terme appliqué jadis en Écosse aux Maçons opératifs, les spéculatifs étant appelés **GÉOMATIQUES***.

DORSON: ce mot est tellement déformé qu'il est impossible d'en deviner l'origine. Aucune explication n'existe non plus dans les textes. Selon une tradition, ce serait le nom du surveillant des ouvriers de la tribu de Manassé. Il se peut aussi que le nom ait purement et simplement été inventé au 18e siècle, ou extrait du Sepher Raziel cher aux occultistes. Bien entendu, il n'y a pas de parallèle biblique de ce personnage, dont la présence dans le REAA n'est pas justifiée.

D.Z.: **DARIUS, ZERUBAVEL**. Voir aussi les deux mots eux-mêmes.

EAU: un des quatre éléments des anciens, représentant la source de toute vie, la pureté autant physique que spirituelle, le solvant universel. Très souvent utilisé dans le symbolisme de nombreux degrés du REAA et notamment au cours de la cérémonie d'initiation.

ÉCONOME: du grec *oikonomos*, de *oikos, maison* et *nomos, administration*, à travers le latin *œconomus, administrateur*. Le nom du trésorier à un certain degré.

'EDEN (aïn, daleth, noun): le *Paradis Terrestre* (Gén. II-8), symbole du centre. Situé par la tradition biblique quelque part à l'Orient, à l'origine de quatre fleuves: le Pishon, "lequel parcourt toute la contrée de Havilah"; le Gihon, "lequel parcourt toute la contrée de Kush"; enfin le Tigre et l'Euphrate. Le mot signifie en hébreu *luxe, délice*. Le Jardin serait donc, dans ce sens, un Jardin des Délices... Une autre origine possible serait le mot sumérien *edin, plaine*, qui fut souvent utilisé pour désigner la plaine fertile entre le Tigre et l'Euphrate, dans le Sud de la Mésopotamie. En hébreu on dit le plus souvent **GAN 'EDEN**, *Jardin d'Éden*, du mot **GAN** (guimel, noun), *jardin*, et d'**EDEN**. Souvent appelé aussi **PARDES** (pé, resh, daleth, samekh), *verger*, acronyme de **PSHAT, REMEZ, DERASH, SOD**, les quatre subdivisions majeures de l'étude de la **KABALA***.

EDOM: (aleph, daleth, vav, mem): *roux, rousseur;* de **ADOM**, *rouge*. Le surnom donné à Esaü, frère jumeau de Jacob (Gén. XXV-25), ancêtre des Edomites, à cause, dit-on, de la couleur de ce potage de lentilles pour lequel il vendit son droit d'aînesse (Gén. XXV-30). Selon une autre explication, il aurait été couvert de poils roux. Pays qui existait à l'époque au sud-est de la mer Morte, dans une région connue aussi sous le nom d'Idumée (Marc III-8), une déformation d'**EDOM**, et caractérisée par ses montagnes de calcaire rouge. C'est dans cette région que se trouvent les temples monolithiques de Petra. Regarder aussi **ADAM***.

EDUL PEN CAGU: selon V. ce serait une phrase en chaldéen (mais qu'il écrit en hébreu): **'ADID PENA KHEGON** (aïn, daleth, iod, daleth, – pé, noun, aleph, – khaph, guimel, vav, noun) et qui signifierait *fais à autrui ce que tu voudrais qu'il te fût fait;* cela doit nous paraître bien familier. Cette phrase se prononcerait en détachant les syllabes. En dehors de toute considération sur la valeur symbolique et morale de la phrase, qui est à la base de tout ce que nous appelons morale maçonnique, le texte en tant que tel est plus que douteux; ce n'est pas du chaldéen, pas de l'hébreu non plus. Eventuellement (et si nous tenons absolument à lui donner un sens) cette phrase pourrait être considérée comme une déformation de **GADOL BEN HEHAGUTH***. Le plus probable serait que quelqu'un, à un moment quelconque de l'histoire du REAA, a cru bien faire en cherchant à donner une consonnance étrange et mystérieuse à une phrase qui nous arrivait en ligne droite de la sagesse populaire.

E

EDUL PEN EAGER: Traditionnellement, phrase en chaldéen qui signifierait *fais ce que tu voudrais qu'il te fût fait.* Se prononcerait en détachant les syllabes. V. donne **EDUL PEN CAGU***. Plus que douteux dans les deux cas; ce n'est pas du chaldéen; ce n'est pas de l'hébreu non plus.

EHEIAH ou **EHEIEH** (aleph, hé, iod, hé): *celui qui sera*; l'un des multiples noms de Dieu (Ex. III–14) dans la tradition hébraïque. De même, le nom de l'une des neuf arches soutenant une certaine voûte.

EIN SOF ou **SOPH** (aleph, iod, noun, – samech, vav, pé): *infini.* Nom créé par la **KABALA*** pour le Dieu parfait, infini et inconnaissable. Pour certains étudiants de la Kabala **EIN SOF** se confond avec **AIN**, ou **AFISSA**, le Néant ou le Chaos. Il est intéressant de noter que le Chaos pourrait être à l'origine de l'Ordre. Le terme n'existe pas dans la Bible. Voir aussi **ORDO AB CHAO**.

EL (aleph, lamed): *dieu, Dieu.* Un des noms de Dieu.

ELCHANAM: déformation d'**EL KHANAN***.

ELEANAM: voir **EL KHANAN**.

ELECHIOR: voir **ELKHIOR**.

ELEHAM: voir **ELI'AM**.

ELEHANAM: voir **EL KHANAN**. Un rituel du 18ᵉ siècle explique d'ailleurs en détail le mot, en le divisant en **EL*** et **KHEN*** ou **KHANAN***.

ÉLÉMOSYNAIRE ou **ÉLÉEMOSYNAIRE:** vient, comme aumônier et aumône, du bas latin *alemosinarius, alemosina,* qui viennent du grec *eleêmosunê, pitié.* Nom parfois donné à l'Hospitalier dans certains ateliers et à certains degrés.

ELIAB: voir **ELIAV**.

ELIAH (aleph, lamed, iod, hé): *mon Dieu est Yah*; voir aussi **ELIAHOU**, le nom du prophète (1 Rois XVII–1), qui en est une autre forme. Un des noms de Dieu; V. le traduit par *Dieu est exalté*, ce qui est inexact. La traduction de D., *Dieu fort*, est fautive aussi. Se retrouve sous la forme grecque de *Elias* dans les Évangiles. Aussi le nom de l'une des neuf arches soutenant une certaine voûte.

ELIAHOU (aleph, lamed, iod, hé, vav): *mon Dieu est Yah*; grand prophète et réformateur juif du 9ᵉ siècle av. l'E.V. (1 Rois XVII–1), plus connu sous le nom francisé d'**Élie**, ou anglicisé de **Elijah**. Sans doute le plus grand (et le plus romantique) des héros de la Bible. Rien n'est connu de ses origines ni de sa jeunesse, sauf qu'il apparut de façon soudaine et qu'il était appelé "le Tishbite" car il arrivait de Tishbi, au **GUIL'AD***. Il monta aux cieux dans un chariot (**MERKAVA** en hébreu) flamboyant. Voir aussi **ELIAH**.

ELI'AM (aleph, lamed, iod, aïn, mem): *peuple de Dieu* (– *élu*) (MBC). Nom du père de Bethsabée, veuve d'Uriah, épouse du roi David (2 Sam XI-3). Aussi le nom d'un fameux guerrier de l'armée de David (2 Sam. XXIII-34), un des trente preux. Ce serait aussi l'un des trois meurtriers selon une tradition rapportée par V. Voir à ce sujet **STERKIN, STOLKIN** et **ZEOMET**.

ELIGAM: voir **ELI'AM**.

ELIAL (aleph, lamed, iod, aleph, lamed): *mon Dieu est haut.* Le nom n'est pas mentionné dans la Bible.

ELIAV (aleph, lamed, iod, aleph, beth): *Dieu est mon père.* Un frère du roi David (1 Sam. XVI-6).

ELIEL (aleph, lamed, iod, aleph, lamed): orthographe identique à **ELIAL***; *mon Dieu est haut* ou *mon Dieu est Dieu.* Le nom n'est pas mentionné dans la Bible.

ELIOU: voir **ELIAHOU**.

ELIHAM: voir **ELI'AM**.

EL KANA'AN (aleph, lamed, – kaph, noun, aïn, noun): *Dieu de Canaan.* Ce nom n'apparaît pas dans la Bible. En ce qui nous concerne, probablement une déformation d'**EL KHANAN*** ou d'**EL KANAH***.

EL KANAH (aleph, lamed, – koph, noun, hé): *Dieu a pris possession.* La Bible mentionne six hommes de ce nom. Le plus connu est le Korahite qui se rallia à David avant que celui-ci ne devint roi et qui fut l'un de ses trente preux (1 Chr. XII-6).

EL KHANAN (aleph, lamed, – kheth, noun, noun): *grâce de Dieu* (1 Sam. XXI-19). Fils de Jaïr, il tua Lakhmi, le frère de Goliath (1 Chr. XX-5). L'un des trente preux de David (2 Sam. XXII-24). Un des noms de Dieu dans la tradition hébraïque. De même, le nom de l'une des neuf arches soutenant une certaine voûte.

ELOHIM (aleph, lamed, hé, iod, mem): *Dieux (ou Dieu?).* Second mot du Volume de la Loi Sacrée. La forme plurielle du mot a causé depuis des siècles maintes discussions quant à l'unicité ou à la pluralité d'**ELOHIM** et aux conséquences spirituelles de la chose. Ceci sort du cadre de ce dictionnaire, mais je dirigerais les lecteurs intéressés vers les nombreux textes de la **KABALA*** à ce sujet, à commencer par le Zohar.

E

ELOÏM: voir **ELOHIM.**

EL CHANAN: voir **EL QANAN.**

EL KANAN: voir **EL QANAN.**

EL QANAN (aleph, lamed, – kaph, noun, noun): V. donne cette orthographe mais sans traduction, avec une référence biblique erronée et dit que ce serait le nom de l'un des plus braves officiers de David. Malheureusement ce terme, avec cette orthographe, veut dire *dieu du nid* ou *dieu du cabestan*, ce qui est très peu convaincant. Il ne peut vraiment s'agir que d'une corruption d'**EL KANA'AN***, d'**EL KHANAN*** ou éventuellement d'**EL KANAH***.

EMERCH: déformation d'**AMAR YAH***.

EMEREH: déformation d'**AMAR YAH***.

EMEREK: déformation d'**AMAR YAH***, ou peut-être de **HA-MOREH***.

ÉMÉRIC: voir **EMEREK.**

EMETH (aleph, mem, tav): *vérité* (Gén. XXIV–27); l'un des noms les plus puissants de Dieu, pour les étudiants de la Kabala. Il est dit avoir été écrit sur le front du **GOLEM*** de Prague par le célèbre Rabbin Yéhoudah ben Betsalel Loew.

ÉMINENT: du latin *eminens*, participe présent de *eminere*, *s'élever*. Adjectif accollé au titre de plusieurs officiers à plusieurs degrés du REAA.

ÉMINENT COMMANDEUR: voir **ÉMINENT** ci-dessus. Nom du premier officier de la Loge à un certain degré rouge.

EMMANUEL: voir **IMMANUEL.**

EMMUNACK: déformation de **EMOUNAH*** rapportée par D.

EMOUNAH (aleph, mem, vav, noun, hé): *confiance, foi, fermeté, honnêteté, vérité* (Deut. XXXII–4).

EMPIRIQUE: *expérimenté, ayant de l'expérience, acquis par l'expérience*; du grec *empeirokos*, de *empeiros*, *expérimenté*, à travers le latin *empiricus*, même signification. Le mot n'a acquis une certaine saveur péjorative que depuis le 18e siècle. Adjectif attaché à des noms d'officiers à certains degrés, avec le sens ancien d'*expérimenté*.

EMUNAH: voir **EMOUNAH.**

E

ENOCH: déformation de **KHENOKH***.

ÉPÉE FLAMBOYANTE: sans aucun doute le **HEREV LAHAT** (Gén. III-24) que les **KEROUVIM*** firent tournoyer pour garder les approches de l'Arbre de Vie, après le péché d'**ADAM*** et d'Eve. Attribut du président de la loge aux degrés bleus. Symbole de puissance, mais surtout de discernement dans la recherche spirituelle.

EPHOD (aleph, pé, [vav], resh): pectoral porté par le Grand Prêtre, orné de douze pierres précieuses représentant les douze tribus d'Israël, disposées en trois rangées de quatre pierres (Ex. XXV-7). L'Éphod, dont le but est aussi obscur que le symbolisme, est encore équipé de dispositifs encore plus mystérieux, les **OURIM VE'TOUMIM***. Tout ceci fit évidemment les délices de générations de kabalistes d'abord, d'autres ésotéristes ensuite.

EREL (aleph, resh, aleph, lamed): ce mot, qui est donné par V. de préférence à **ARDAREL***, est donné dans certains rituels comme étant le nom de l'Ange du Feu. Dans ce sens c'est une invention, sans doute empruntée au Sefer Raziel ou aux Clavicules de Salomon; (aleph, resh) correspondrait à **OR***, *lumière* (ou éventuellement *feu*) et (aleph, lamed) à **EL**, *Dieu, de Dieu*. En réalité **EREL** veut dire *messager* ou *vaillant* (Is. XXXIII-7), rarement *ange* et surtout sans aucune mission ou tâche particulière.

ESDRAS: forme hellénisée de l'hébreu **'EZRAH** et de l'araméen **'EZRA***. Selon la Bible et la tradition, un des douze chefs du peuple lors du retour de Babylone.

ESPÉRANCE: une des vertus dites *théologales* (**FOI, CHARITÉ, ESPÉRANCE**) mentionnées à au moins un degré du REAA.

'ESRIM (aïn, shin, resh, iod, mem): *vingt.* Selon la tradition, c'est le vingtième jour de **TEVETH***, dixième mois de l'année, que les trésors du Temple furent ramenés à Jérusalem par une délégation que Sheshbazzar, Prince de Juda, avait envoyée à Babylone grâce à la bienveillance de **CYRUS*** (Esd. I). La Bible, quant à elle, ne précise pas de date.

'ESRIM VESHALOSH (aïn, shin, resh, iod, mem, – vav, shin, lamed, shin): *vingt trois.* C'est, dans la tradition, le vingt troisième jour du mois d'**ADAR*** que le culte recommença dans le Temple reconstruit par **ZERUBAVEL*** et dont les trésors avaient été rendus par le roi **CYRUS*** à Sheshbazzar. En réalité, la Bible dit très spécifiquement (Esd. VI-15) *troisième* jour du mois d'**ADAR**.

ETH ADONAI (aleph, tav, – aleph, daleth, noun, iod): déclinaison accusative de **ADONAI***: *Dominum.* Aussi: *près de Dieu, avec Dieu.* Expression courante dans la Bible.

E

ÉTOILE: du latin *stela*. Tout autre soleil que le nôtre. Dans le domaine qui nous intéresse se dit de tout polygone étoilé, c'est à dire tout polygone régulier dont les angles sont alternativement aigus et obtus, mais surtout de ceux à cinq, six, sept et neuf branches. Certaines étoiles appartiennent à certains degrés ou à certaines fonctions dans certains degrés. Dans le REAA, synonyme de Luminaire et de Flambeau. Son symbolisme courant est celui de *source de lumière*. Nom d'une loge célèbre la GLDF.

ÉTOILE FLAMBOYANTE: pentagone étoilé, étoile à cinq branches, elle est représentée avec cinq flammes pointant entre les branches et le plus souvent avec une lettre G au centre. D'un symbolisme complexe que nous ne développerons pas ici, l'Étoile Flamboyante est l'apanage particulier d'un degré bleu, mais se retrouve pratiquement à tous les degrés, qu'ils soient bleus ou rouges.

ÉTOILE POLAIRE: se trouve approximativement dans le prolongement de l'axe de la Terre. Tout le système d'**ORIENTATION*** symbolique, commun à tous les ésotérismes, est centré autour de cet axe Nord-Sud.

EVAREKH (aleph, beth, resh, kaph): *je louerai, je bénirai.*

EVARKHA (aleph, beth, resh, kaph, hé): *je te louerai, je te bénirai.*

EVARKHA ETH ADONAÏ BEKHOL ETH; TAMID TEKHILATO BEPHI (aleph, beth, resh, kaph, hé, – aleph, tav, – iod, hé, vav, hé, – beth, kaph, lamed, – aleph, tav, – tav, mem, iod, daleth, – tav, hé, lamed, tav, vav, – beth, pé, iod): *Je louerai Dieu en tout temps; sa louange sera toujours dans ma bouche* (Psa. XXXIV–2).

EVAR'QAH ETH ADONAÏ BECHOL NGETH THAMID THEHILLATHO BEPHI: autre version de la phrase ci-dessus, donnée par V. avec une traduction correcte, mais avec une référence biblique inexacte.

'EVED (aïn, beth, daleth): *esclave* (Gén. IX–25). Voir **'OVED** (orthographe identique, prononciation différente, sens différent).

'EVED AMON (aïn, beth, daleth, – aleph, mem, vav, noun): *esclave d'***AMON**. D. traduit incorrectement par *serviteur*. Origine non biblique.

EXALTATION: du latin *exaltare*, de *altus*, haut. Veut dire *action d'élever*. Se dit de l'initiation au quatrième degré. Il est très intéressant de noter que le mot, bien plus ancien en français que le verbe **EXALTER** qui ne date que du 18ᵉ siècle, apparaît pour la première fois au 13ᵉ siècle dans la "Règle du Temple". Ceci ne prouve rien, tout en réchauffant sans doute le coeur des inconditionnels d'une filiation templière de la Maçonnerie.

EXCELLENT: du latin *excellens*, supérieur, distingué, éminent. Adjectif accollé au titre de plusieurs officiers à plusieurs degrés du REAA.

E

EXCELLENT MAÎTRE: du latin *excellens, supérieur, distingué, éminent.* Nom du premier officier de la Loge à un certain degré rouge.

ÉZÉCHIAS: voir **HIZKIAH** et **HIZKIAHOU.**

ÉZÉCHIEL: voir **YEHEZKEL.**

'EZRA (aïn, zaïn, resh, aleph): en araméen, *[Dieu est] aide.* En hébreu le nom se prononce de la même façon, veut dire la même chose, mais l'aleph final est remplacé par un hé. Prophète, prêtre et scribe, fils de Sérayah, descendant d'**AARON*** par Tsadok et Hilkiah (Ezra VII-1), haut fonctionnaire à la cour d'**ARTAXERXES*.** Il rentre de Babylone à Jérusalem à la même époque que **NEKHEMIAH*,** avec quelque mille ou deux mille compatriotes, participe à la reconstruction des remparts de la ville, restaure le culte et la célébration des fêtes traditionnelles et fait dissoudre les mariages contractés avec des étrangères. Mais, surtout, **EZRA** donne au peuple une nouvelle loi (Néh. VIII-1), très probablement les cinq livres de Moïse (le Pentateuque) dans leur version actuelle, c'est à dire la **TORA.** Tout ceci se situe vers 435 a. l'E.V.

'EZRAH (aïn, zaïn, resh, hé): la forme hébraïque du mot araméen **'EZRA*.**

F

FALEG: déformation de **PELEG**.

FANUM: latin; *temple*.

FARAS CHOL: déformation de **PARASH KOL***.

FARAS GHOL: déformation de **PARASH KOL***.

FARASCH CHOL: déformation de **PARASH KOL***.

FEU: du latin tardif *focus*, qui a remplacé le classique *ignis*. L'un des quatre éléments des anciens, correspondant à l'esprit, à la couleur **ROUGE***, à l'idée de purification, de force et de mouvement. Très souvent utilisé dans le symbolisme du REAA à de nombreux degrés.

FIDELITÉ: du latin *fidelitas*, de *fides*, croyance, confiance, par *fidelis*, fidèle. Tout système initiatique demande un **SERMENT*** de fidélité. Il est bon de se rappeler que cette fidélité n'est jamais envers une personne. Elle est d'abord envers soi-même, et cela s'appelle honnêteté. Elle est ensuite envers l'humanité, et on pourrait la nommer amour. Enfin, elle est envers les autres initiés; dans ce cas, elle pourrait s'appeler amitié.

FOI: du latin *fides*, croyance, confiance. Le Franc-Maçon ne discute jamais de politique ou de religion avec ses frères, ce qui n'empêche pas qu'il soit tenu d'avoir une foi. Car en absence d'une foi, qu'est-ce qui le pousserait à rechercher la vérité et la perfection? En l'absence d'une croyance à la réalité de l'esprit, pourquoi s'adonnerait-il à une recherche spirituelle? Voir **GRAND ARCHITECTE**.

FOI, CHARITÉ, ESPÉRANCE: les vertus dites *théologales*. Mentionnées à au moins un degré du REAA.

FRÉDÉRIC II: Friedrich II von Hohenzollern, dit "le Grand", roi de Prusse (1712-1786). Franc-Maçon depuis son plus jeune âge, Frédéric II fut le protecteur de la Maçonnerie prussienne ainsi que des Hauts Grades, apportés par des Français vers le milieu du 18ᵉ siècle. La légende selon laquelle il aurait signé les Grandes Constitutions du REAA est plus que douteuse, historiquement parlant. Les défenseurs de cette légende n'ont, malheureusement par ailleurs, aucune preuve hormis des conjectures diverses sur ce qui ne reste qu'un voeu pieux. Ce roi

Frédéric est souvent et sans doute volontairement confondu par la tradition Maçonnique **avec** l'Empereur Frédéric II, lequel avait vécu cinq siècles plus tôt, avait organisé la cinquième croisade **en** 1228, qui avait récupéré Jérusalem et qui aurait donné à l'Ordre une perspective historique autrement plus intéressante.

FRÉDÉRIC II – NOÉ: voir les deux mots.

FRÉDÉRIC II – ROI DE PRUSSE: voir **FRÉDÉRIC II**.

FURLAC: ce mot, donné dans certais rituels comme étant le nom de l'Ange de la Terre, n'apparaît pas dans les Écritures, n'a aucun sens et paraît plutôt tiré d'une des versions du Sefer Raziel ou des Clavicules de Salomon.

G

G: suivant les traditions et les grades, la lettre **G** symboliserait Dieu en anglais (God), Géométrie, Gnose, et ainsi de suite. D'autres théories sont mentionnées dans divers tuileurs. La lettre ressemble aussi, sans le moindre doute, à la forme d'un outil servant à déterminer le centre d'un cercle en partant de sa périphérie. D'autres disent que le **G** remplacerait le *Iod* qui se trouvait jadis à sa place. Le lecteur peut faire son choix, la seule certitude étant que nous ne connaissons plus la raison exacte pour laquelle nos prédécesseurs avaient choisi cette lettre plutôt qu'une autre.

GABAON: forme grecque de l'hébreu **GUIV'ON***.

GABAON NOTADE: pour **GABAON**, voir **GUIV'ON**. Le second mot ne veut rien dire et ne correspond d'ailleurs pas à une quelconque structure grammaticale hébraïque. Certainement soit une pure invention, soit un mot ancien et réel, mais déformé au point de devenir totalement incompréhensible. Cette expression est mentionnée par V., qui la traduit par *Gabaon, ami parfait, ami élu!;* plus que douteuse en tant que terme écossais.

GABAON NOTEL: pour **GABAON**, voir **GUIV'ON**. **NOTEL** (noun, tet, lamed), veut dire *prend, enlève*. Expression mentionnée par V. qui la traduit par *celui qui assume la colline*. Pourrait, à la rigueur, être aussi traduite comme *celui qui prend (ou enlève) la colline*. Douteuse comme syntaxe et très improbable en tant que terme écossais.

GABRIEL: voir **GAVRIEL**.

GADOL (guimel, daleth, vav, lamed): *grand* (Gén. 1-16); un des adjectifs couramment appliqués à Dieu dans la Bible.

GADOL BEN HEHAGUTH (guimel, daleth, vav, lamed, – beth, noun, – hé, hé, guimel, vav, tav): *grand est le fils de la méditation (celui qui médite).* Expression non biblique. Probablement une fabrication récente due à un hébraïste amateur.

GADON: déformation probable de **ADON**.

GALAAD: nom du preux de la légende arthurienne. Voir **GUIL'AD** pour une discussion plus complète. Selon certains rituels anciens, fils de **SOPHRONIE*** et chef des **LÉVITES***.

GALAHAD: autre orthographe du nom du preux de la légende arthurienne. Voir **GUIL'AD**.

GARAMON ou **GARAMONT:** voir **GARIMONT**.

GARAVLOT: voir **GRAVELOT**.

G

GARIMONT: si c'était à l'origine un mot hébreu (comme son contexte à un certain degré le voudrait, parmi cinq mots dont les quatre autres le sont), il est déformé au-delà de toute identification. Traditionnellement, le Patriarche de Jérusalem en 1118. Aucune trace historique de celui-ci ne subsiste. On pourrait éventuellement spéculer sur un Gramont ou Grammont qui aurait brièvement occupé ce siège, mais sans preuve aucune pour l'instant.

GATH (guimel, tav): *pressoir*. Nom du pays du roi Ma'akah où, selon une légende, s'enfuirent deux des assassins. L'histoire est visiblement inspirée de l'épisode des deux esclaves de Shimeï, dans 1 Rois II-39.

GAVRIEL (guimel, beth, resh, iod, aleph, lamed): *mon Dieu est puissant*, ou *puissance de Dieu* (Daniel VIII-16). Nom de l'un des **KEROUVIM***autant dans la Bible que dans les diverses angélologies d'origine Kabalistique.

GEBURAH: écriture phonétique erronée de **GUÉVOURAH***.

GEDULAH ou plutôt **GUÉDOULAH** (guimel, daleth, vav, lamed, hé): *grandeur* (1 Chr. XVII-19). Autre nom de la quatrième **SEPHIRA***. Voir aussi **KHESED**.

GÉOMATIQUES: selon Waite, un terme qui fut appliqué jadis en Écosse aux Maçons spéculatifs. Les Maçons opératifs étaient, quant à eux, appelés **DOMATIQUES***.

GEOMETROS: grec pour *géomètre*.

GEOMETROS – XINCHEU – YZIRIE – IVAH – HIRAM – STOLKIN: il s'agit d'un enchaînement de mots sans aucune relation particulière entre eux et ne signifiant rien ensemble. En tout cas, certains d'entre eux se prêtent difficilement à une interprétation valable, même isolés. Les voir séparément.

GEVURAH: voir **GUÉVOURAH**.

GHEBOLIM: voir **GHIBLIM**.

GHEMOUL BINAH THEBOUNAH: voir **GUEMOUL BINAH TEVOUNAH**.

GHIBHON: voir **GUIV'ON***.

GHIBHON NOTEL: voir **GABAON NOTEL***.

GHIBLIM (guimel, beth, lamed, iod, mem): les habitants de **GEBAL**; *colline* en phénicien (Josué XIII-5), une ville côtiere de Phénicie qui fut appelée plus tard Byblos. Les **GHIBLIM** participèrent, en tant qu'ouvriers mais pas toujours de bon gré, à la construction du Temple de

---

Salomon. Enfin D. traduit le mot, sans aucune justification, par *les Termes*.

GHIBLIM GABAON: ce n'est pas une phrase, mais une simple juxtaposition de deux mots apparentés; les voir séparément.

GHILHAD: voir **GUIL'AD**.

GIBLIM: voir **GHIBLIM**.

GIBULUM: confident de Salomon selon certains rituels. Probablement une déformation de **GHIBLIM***.

GLAIVE: du latin *gladius*, arme d'estoc symétrique à deux tranchants, large et relativement courte. Terme très souvent utilisé dans le langage de la Franc-Maçonnerie pour désigner une épée. Un certain degré utilise même la regrettable expression *"glaive en forme de sabre"* que les connaisseurs apprécieront.

GLOIRE A DIEU ET AU SOUVERAIN (ou **ROI**): c'est une acclamation assez ancienne d'un degré du REAA, aujourd'hui tombée en désuètude. On se demande bien pourquoi.

GODEL (guimel, daleth, lamed): *grandeur* (Num. XIV-19).

GOLEM (guimel, lamed, mem): *homunculus, embryon, être encore imparfait, substance, matière première*. Le mot apparaît une seule fois dans la Bible (Psa. CXXXIX-16). Le Golem le plus connu, mais pas le seul, fut celui de Prague, créé au 18ᵉ siècle par le célébre Rabbi Yéhouda ben Betsalel Loew. Il s'agissait d'une figurine d'argile ayant une taille supérieure à celle d'un homme. Sur le front de la figurine (ou, selon d'autres versions, sur un morceau de parchemin placé dans sa bouche), Rabbi Yéhouda Loew avait écrit le mot **EMETH***, *vérité*. Chaque soir, il transformait ce mot en **METH**, *mort*, juste en effaçant le **ALEPH*** initial et arrêtait de cette manière le Golem pour la nuit, jusqu'à un soir célèbre et fatidique où il oublia... Quant à ceux qui voudront mieux percevoir le symbolisme assez complexe, à la fois mystique, tarotique, kabalistique et alchimique du **GOLEM** (et tout ceci sans trop se fatiguer), ils pourront lire très utilement "Le Golem" de Gustav Meyrinck.

GOMEL (guimel, [vav], mem, lamed): *celui qui récompense, qui fait mûrir, qui libère* (Isaïe XVIII-5). D. traduit cela plus poétiquement par *qui donne à chacun selon ses oeuvres*. L'un des noms (et attributs) de Dieu. Voir aussi **GUEMOUL**.

GOMER (guimel, [vav], mem, resh): *finit, achève, mène à la perfection*. De **GAMOUR**, même orthographe; *fini, parfait* (Ezra VII-12). Noter aussi **GUIMER**, qui utilise une orthographe identique: *brûler des parfums*.

G

GOMEZ (guimel, [vav], mem, zaïn): *il bouture.* D. traduit, fautivement car il confond avec **GOMEL**, *qui donne à chacun selon ses oeuvres*, l'un des adjectifs appliqués à Dieu. Existe dans le Talmud mais pas dans la Bible. Traditionnellement, *beauté;* ce serait le nom du pilier central qui soutient le Saint des Saints. Souvent cité, avec la même signification traditionnelle de *beauté*, comme étant le premier mot jamais prononcé par **ADAM***. Ce fut lorsqu'il vit Eve; or, celle-ci n'est-elle pas une bouture d'Adam? Ce mot très ancien se retrouve, avec la même signification, dans le compagnonage.

GOMETS (guimel, vav, mem, tsadik): *fosse.* Le mot fait une seule apparition dans la Bible (Eccl. X-8). Il me paraît extrêmement improbable que ce soit un mot sacré du REAA; dans ce cas spécifique il s'agirait plutôt d'une déformation de **GOMEZ***.

GOUMRA (guimel, mem, resh, hé): *braise, charbons ardents.* Ce mot non biblique est probablement utilisé à tort à la place de **GOMEL***, **GOMER*** ou **GOMEZ***.

GRAND ARCHITECTE [DE L'UNIVERS]: au sein du REAA, cette expression désigne la vérité, la connaissance spirituelle ultime vers laquelle tend tout Franc-Maçon. Pourtant, il faut savoir que le terme n'a jamais fait partie de la tradition opérative et qu'il est récent (fin du 17e siècle tout au plus). Les opératifs se référaient soit à l'un des noms bibliques du Créateur, soit à Dieu tout simplement. Dans la Franc-Maçonnerie spéculative il n'est point interdit d'appeler le Grand Architecte *"Dieu"*, quoique ce terme semble être passé de mode depuis quelque temps. Chacun est libre d'interpréter l'expression **"GRAND ARCHITECTE"** comme il veut, pour autant qu'il n'impose pas son interprétation aux autres et qu'il se rende bien compte que toute recherche spirituelle implique de façon évidente la croyance dans une vie spirituelle.

GRAND COMMANDEUR: nom du président à un certain degré. Voir **SOUVERAIN GRAND COMMANDEUR**.

GRAND CONSEIL: nom de la Loge à un certain degré.

GRAND ÉLU: nom donné aux membres de la loge à un certain degré.

GRAND GÉOMETRE: terme utilisé à la place de **GRAND ARCHITECTE*** dans certains rituels anciens.

GRAND OEUVRE: terme alchimique s'appliquant au travail de l'alchimiste et surtout à sa conclusion. Son symbolisme est très utilisé au sein du REAA depuis le premier et jusqu'au dernier degré.

GRAND PRETRE: nom des surveillants à un certain degré.

G

GRAVELOT: selon V. cela s'écrirait guimel, resh, beth, lamed, vav, tet et se traduirait par *eczéma caché*, ce qui est surprenant mais exact. Nom de l'un des trois meurtriers avec **AVIRAM*** et **ROMVIL***, dans l'une des traditions existantes. Très bizarre. Ce nom peut aussi être traduit par *eczéma couvert, cruche couverte* ou *cruche cachée*. Il n'est pas d'origine biblique; serait-il simplement l'invention d'un hébraïsant facétieux?

GUEMARA (guimel, mem, resh, aleph): *commentaire, amélioration.* Dérivé de **GUEMAR,** ou **GMAR** ou **GAMOUR,** *fini, parfait* (Ezra VII-12). C'est une des appellations couramment appliquées à la tradition talmudique en général et à certains ouvrages spécifiques du corpus talmudique en particulier.

GUEMOUL (guimel, mem, vav, lamed): *récompense* (Psa. XCIV-2). Voir aussi **GOMEL.**

GUEMOUL BINAH TEVOUNAH (guimel, mem, vav, lamed, - beth, iod, noun, hé, - tav, beth, vav, noun, hé): selon V. cela voudrait dire *au milieu des vicissitudes, prudence!.* Parfaitement faux; à la limite cela pourrait être traduit comme *la récompense de la sagesse est la compréhension (ou la connaissance) du monde.* Plus probablement tout ceci n'est qu'un simple enchaînement de trois mots qu'il vaudrait mieux regarder séparément.

GUÉVOURAH (guimel, beth, vav, resh, hé): *puissance, force, courage* (Deut. III-24). Le nom de la cinquième **SEPHIRA*.**

GUIBBOR (guimel, beth, vav, resh): *puissant* (Gén. VI-4). L'un des noms (et attributs) de Dieu.

GUIBBOR HOU (guimel, beth, vav, resh, - hé, vav, aleph)· *il est puissant*; de **GUIBBOR*.** L'un des noms (et attributs) de Dieu.

GUIBBOR HOU EL KHANAN ADONAI*: *il est puissant, Dieu miséricordieux, le Seigneur.* Phrase d'origine non-biblique. Voir aussi, séparément, les mots qui la composent.

GUIBULUM: pas de traduction connue; probablement une déformation de **GHIBLIM*** ou de **GUIBBOR HOU*.** MBC pense aussi à une déformation de **GABAON*.**

GUIBULUM EL KHANAN ADONAI: voir **GUIBBOR HOU EL KHANAN ADONAI,** ainsi que les mots qui le composent.

GUIL'AD (guimel, lamed, aïn, daleth): *terrain rocheux, accidenté.* Nom du petit-fils de Menasheh, arrière-petit-fils de Jacob. D. le traduit par *réunion de témoignages,* ce qui est faux. **GUIL'AD** donna son nom au pays situé à l'est du Jourdain, entre le territoires de la tribu

G

de Gad et de celle de Menasheh (Nomb. XXVI-29); source d'un baume lá merveilleux. Ce nom inspira peut-être le nom du preux chevalier de la légende du Graal, fils de Lancelot et d'Elaine, **GALAHAD** le pur, le parfait, le chevalier vêtu de vermeil qui surmonta l'épreuve du Siège Périlleux. Il s'empara de la lance de Longinus, celle qui blessa le flanc de Jésus, il s'en servit pour guérir le roi "méhaigné" et mériter Excalibur, l'Epée. Il est bien possible qu'avec le fort courant "chevaleresque" connu par le REAA dès sa création, ce soit plutôt le preux que le pays qui ait inspiré et influencé la tradition.

GUIMER (guimel, mem, resh): *brûler des parfums, encenser.* C'est un terme talmudique, non biblique. Probablement utilisé à tort à la place de **GOMEL***, **GOMER*** ou **GOMEZ***.

GUIV'ON (guimel, beth, aïn, vav, noun): *hauteur, petite colline*; le nom d'une région; *Gabaon* en grec. C'est chez les Gabaonites que fut gardée l'Arche pendant la construction du Temple. Ce sont eux aussi qui obtinrent par la ruse un traité d'alliance avec Josué (Jos. IX), qui les défendit néanmoins contre leurs ennemis, lors du très bien connu épisode de l'arrêt du Soleil (Jos. X-12).

HABACUC: autre manière d'écrire **HAVAKOUK***.

HABAKKUK: autre manière d'écrire **HAVAKOUK***.

HABDAMON: voir **'EVED AMON**.

HA-BAMAH (hé, - beth, mem, hé): *l'endroit élevé, la plate-forme, la scène*
(1 Sam. IX-12), car le préfixe **HA** est un article défini.   Ce mot est
très souvent confondu dans les rituels avec *autel des sacrifices*, lequel se dit **MIZBEAKH** (mem, zaïn, beth, kheth; Gen. VIII-20). C'est
pourtant dans le sens partiellement incorrect d'autel que le REAA a
toujours utilisé le mot.

HABBAMAH: voir **HA-BAMAH**.

HABORAH: le mot n'existe pas en tant que tel; peut-être **HABAIAH** (hé,
beth, iod, hé), *Dieu est protection*.   Titre de certains prêtres parmi
ceux qui rentrèrent de l'exil babylonien (Ezra II-61) en compagnie
de **ZERUBAVEL***.   Peut-être aussi une déformation de **HAVARAH** (hé,
beth, resh, hé), *rumeur*. Ce n'est pas certain.   Encore moins probable,
HABORIM, le nom d'un démon dans certains grimoires, notamment ceux
parus après la publication du Sefer Raziel au 18ᵉ siècle. En ce qui
me concerne, **HABORAH** est probablement une déformation de **EVARKHA***
via **HABORKAH**.

HABORKAH: déformation probable d'**EVARKHA*** ou d'**EVAREKH***.

HACELDAMA: montagne mythique que l'on trouve dans certains rituels. Elle
ne correspond à aucun lieu géographique réel, comme les détails de
sa légende le démontrent aisément: il y est question d'un souterrain sous un temple construit par Enoch, sur la montagne Haceldama,
près du mont Sinaï, au sud de la vallée de Josaphat.   Avant d'avoir
reçu ce nom, la montagne était appellée "la terre d'argile". Elle
appartenait à des potiers, mais servait aussi de cimetière pour les
maçons et pélerins morts à Jérusalem. Plus tard, Judas l'acheta
avec les 30 deniers reçus pour le prix de sa trahison. Par la suite
on l'appela "la terre de sang". La légende est encore bien plus
longue et plus compliquée que cela. Or, la vallée de Josaphat se
trouve à quelque 800 Km. du mont Sinaï et la montagne (ou le champ)
du potier (ou des potiers) se situe à Jérusalem. La signification
de tout ceci ne peut vraiment être que symbolique, si signification
il y a.

HACHE: vieux français, du francique *hapja*; outil des travailleurs du bois
et des Fendeurs, un très vieil ordre initiatique de ces travailleurs
et, selon certains, à l'origine d'un degré du REAA.   Il est possible
aussi que le terme **ROYAL HACHE***, appelation des Frères à ce degré,
ne soit qu'une déformation de **ROYAL ARCH*** à travers sa prononciation anglaise.

H

HA-COHEN HA-GADOL (hé – kaph, hé, noun – hé – guimel, daleth, vav, lamed): *le grand prêtre* (Lév. XXI-10). Obligatoirement membre de la tribu du même nom et le seul ayant le droit de prononcer, une seule fois tous les ans, le tétragramme sacré et ineffable confié par Dieu à Moïse: **YAHVÉ***.

HADA (kheth, daleth, hé): *aiguë* (Psa. LVII-4). Plus probablement, et en ce qui nous concerne, une déformation de **ADAR*** ou de **HADAR***. D. en dit *un mois des hébreux*, ce qui soutiendrait plutôt la première hypothèse.

HADAR (hé, daleth, resh): *beauté, majesté, honneur, gloire* (Psa. XXI-5). L'un des noms (et attributs) de Dieu.

HÆREDUM: mot latin qui signifie *héritage*. Voir **HEREDOM**, qui en est la déformation usitée dans le REAA.

HAGGAÏ (hé, guimel, iod): [*né un jour* | *de fête*. Prophète, contemporain de **ZACHARIE*** et de **ZERUBAVEL*** (Ezra V-1), donc de la reconstruction du Temple par ce dernier à partir de 520 a. l'E.V. **HAGGAÏ** exhorta Zerubavel et Josué, le Grand Prêtre, à hâter cette reconstruction. Il fut un des douze "petits prophètes".

HAÏ (kheth, iod): *vivant* (Gén. IX-3). Un des noms (et attributs) de Dieu en tant que donneur de la vie.

HAKAN: voir **'AKAN**.

HAKAR (hé, kaph, resh): *reconnu*. **'AKAR*** selon V., mais c'est nettement moins probable. Apparemment pas de référence biblique, mais le mot existe dans le Talmud.

HAKOUB: voir **'AKUV**.

HALLELOUYA (hé, lamed, lamed, vav, iod, aleph): *louez Yah!* (Dieu). Vient de **HALLELOU**, mode impératif du verbe **HALAL** (hé, lamed, lamed), *louer*, et de **YA** ou **YAH**, un des noms de Dieu. Le verbe **HALAL** apparaît tardivement dans la Bible, mais souvent et en multiples conjugaisons (1 Chr. XVI-4). Par contre, il n'apparaît que très rarement sous la forme précise de **HALLELOUYA** (Psa. CIV-35 et Apo. XIX-1).

HAMALABECH: déformation soit de **HA-MELECH**, forme articulée de **MELECH***, soit de **HA-MALAKH**, forme articulée de **MALAKH***.

HAMALIEL: voir **KHAMALIEL**.

HAMAL SAGHIA: forme erronée de **'AMAL SAGHI***.

HAMON (hé, mem, [vav], noun): *abondance, beaucoup* (Gén. XVII-4), *foule, multitude, peuple* (Gén. XVII-4) (MBC), *richesse* (Psa. XXXVII-16). Aussi *grondement, tumulte, bruit* (1 Sam. IV-14). C'est le sens de *multitude* qui est le plus courant (Jug. IV-7). Une relation est aussi possible, si le mot est déformé, avec les mots de la famille de **AMEN***, **AMON***, **EMOUN**, **EMOUNAH***. Une autre relation qu'il ne faut pas ignorer non plus est avec la légende des quatre fils Aymon (prononciation anglaise de Hamon) et de Renaud de Montauban.

HANANIAH: le H est superfétatoire; voir **'ANANYAH**.

HANOCH: voir **KHENOKH**.

HAPHTZIEL (kheth, pé, tzadé, iod, aleph, lamed): *mon désir est Dieu*. Terme non biblique.

HAROD (kheth, resh, daleth): *terreur, tremblement* (Jug. VII-1). Nom d'une fontaine près de laquelle Gidéon et son armée campèrent avant de défaire les Midianites.

HAROD (hé, resh, daleth): *chef*, de **RADAH** (resh, daleth, hé), *conduire*. Un des 3300 (1 Rois V-16) ou 3600 (2 Chr.II-18; le terme est interchangeable avec **MENATSEAKH***), surveillants nommés par Salomon sur les ouvriers du Temple. V. dit 3600, ce qui est correct du point de vue Maçonnique traditionnel.

HARODIM (hé, resh, daleth, iod, mem): *chefs, surveillants* ou *préfets* (1 Rois VI-16). C'est le pluriel de **HAROD***. Dans la Bible, le mot est interchangeable avec **MENATSKHIM***.

HARUSPICE du latin *haruspex, devin*.

HASSAN: voir **KHASAN**.

HA-TIRSHATHA (hé, - tav, resh, shin, tav, aleph): *la révérence* ou *la crainte* (le préfixe **HA** étant un article). Ce titre n'est pas un nom propre, comme le pensent certains. Il est appliqué dans la Bible à **ZERUBAVEL*** et à **NEKHEMIAH*** en tant que gouverneurs de **JUDA** sous le roi de Perse (Ezra II-63). V. en donne l'orthographe hébraïque correcte mais, par contre, une référence biblique et une traduction inexactes: *celui qui contemple l'année* (ou *le temps*). Maintes autres interprétations et traductions parfaitement fantaisistes peuvent être trouvées dans les divers rituels et tuileurs: *gouverneur des prêtres, échanson*. Le nom est parfois même donné comme originaire de la mythologie hindoue.

HAVAKOUK (hé, beth, koph, vav, koph): *embrassade amoureuse*. Prophète de Judah dont la filiation, l'origine et même l'époque restent inconnues (Hab. I-1).

H

HAZARIAH: déformation d'**AZARIAH*** donnée par D.

HEAVE IT OVER: *jetez-la par dessus* (- *l'épaule*); l'un des très rares "mots" anglais du REAA ancien. Il est pratiquement certain que l'inspiration du degré dérive de la Bible (Psa. CXVIII-22): *"La pierre que les bâtisseurs rejetèrent est devenue la pierre d'angle"*, phrase d'ailleurs reprise par l'Évangile selon Matthieu (Mat. XXI-42). V., qui cite le degré dans son Tuileur, commet une erreur en s'élevant contre cette traduction parfaitement correcte et en proposant une autre, tout à fait fausse, sans doute par simple méconnaissance du degré d'York qui l'inspira ou dont c'est le parallèle.

HÉBREU ou **HÉBRAIQUE:** *qui a trait à la langue des hébreux.* De l'hébreu **IVRIT**, à travers le grec *hebraios* et le latin *hebræus* pour le premier, le grec *hebraikos* et le latin *hebraicus* pour le second.

HELEHANAM: sans doute une déformation d'**EL KHANAN***.

HELEANAM: selon D., déformation d'**EL KHANAN***; c'est possible.

HELEHAM: déformation de **ELI'AM***.

HELIAL: D. traduit par *dieu fort* et le fait venir d'**ELIAH***. Sauf pour la traduction, c'est possible.

HELIOS: mot grec qui veut dire Soleil.

HELKHIOR (hé, lamed, kaph, iod, aleph, vav, resh): *la lumière me guidera.* Selon une tradition rapportée par V. il s'agirait de l'un des trois meurtriers de la légende Maçonnique. Voir aussi **JOHABEN** et **TERCY**. Le terme n'est pas biblique.

HEN: voir **KHEN**.

HENOCH: voir **KHENOKH**.

HEREDOM: mot dont la traduction et l'origine restent encore inexpliquées. Il est assez plausible que ce soit une déformation de **HARODIM***, le pluriel de **HAROD***. Selon le rite connu sous le nom de **HEREDOM** de **KILWINNING*** et sa légende, ce serait une montagne en Ecosse, mais aucune montagne de ce nom n'existe (et n'a jamais existé) nulle part. Certains, dont Delaulnaye et Daniel Ligou, mentionnent la possibilité d'une origine latine. Le mot viendrait alors soit de *heres*, *héritier*, soit de *heredum*, *héritage*. Il peut être utile de remarquer que **HEREDOM** est la façon exacte dont nos amis les anglais prononcent *heredum*. Cette idée d'héritage est celle qui me paraît aussi comme étant la plus plausible. Selon des ouvrages et des rituels anciens cités par CG, **HEREDOM** ne serait point le nom d'une montagne, mais signifierait montagne dans une langue ancienne ou dans un sens ancien; on peut arguer en effet que **HAR** (hé, resh) signifie montagne en hébreu, mais tout cela ne me paraît pas très satisfaisant. D'autres encore pensent que le mot pourrait venir de l'allemand **Herr**, qu'ils traduisent par *homme à cheval*, ancêtre de *chevalier*; enfin, on le fait venir de *hieros domos*, *maison sacrée* ou *temple* en grec, un terme qui se retrouve aux Etats Unis au 19e siècle; le *Hieros-domos de Charleston*. Tout ceci a l'air très improbable du point de vue étymologique.

HEREDON: voir **HEREDOM***.

HEREDUM: voir **HEREDOM***.

HEREM: voir **KHEREM**.

HERMÉNEUTIQUE: du grec *hermeneutikos*, de *hermeneuin, expliquer*. Interprétation des livres sacrés.   Surtout ne pas confondre ces mots avec **HERMÉTISME*** ou **HERMÉTIQUE***, termes ayant trait à la tradition alchimique.

HERMES: dieu grec, mais aussi et en ce qui nous concerne **HERMES TRISMÉGISTE**, personnage/dieu de la tradition alchimique, fondateur présumé de l'Alchimie.   Il fut assimilé au dieu Thoth et considéré comme l'auteur de la Table d'Émeraude, donc de la phrase *"ce qui est en haut est comme ce qui est en bas"*, fondement de plusieurs systèmes ésotériques.

HERMÉTIQUE et **HERMÉTISME**:   termes ayant trait à **HERMES TRISMÉGISTE** et donc à diverses traditions et méthodes anciennes, dont la tradition alchimique.

HÉRODE: transposition française du grec *Hrodus* ou de l'hébreu **HORDUS**. Nom de deux rois de Judée sous l'occupation romaine: Hérode I le Grand, homme d'état intelligent, rusé, cruel et violent, mais dont l'ambition et la fureur de bâtir donnèrent au premier siècle E.V. le second Temple, le Palais d'Été de Massada ainsi que maintes autres constructions titanesques.   C'est ce qu'on a appelé par la suite le style "hérodien", fait de blocs immenses, pesant 5 tonnes en moyenne et assemblés sans mortier.   Son fils Hérode II Antipas fut un faible qui ne se distingua que par sa soumission à sa femme Hérodiade et à sa belle-fille Salomé; son règne s'illustra surtout par la mort de Saint Jean Baptiste et de Jésus de Nazareth.   C'est bien entendu le premier des deux, Hérode I le Grand, en sa qualité de constructeur du second   (troisième? quatrième?) Temple de Jérusalem qui intéresse le Rite Écossais.

HERODON: voir **HEREDOM***.

H

HESED: voir **KHESED.**

HEXAGRAMME: du grec *heks, six,* et *gramma, lettre.* Étoile constituée de deux triangles superposés, entrelacés ou confondus. Synonyme de **SCEAU DE SALOMON**.

HEZRA: déformation de **'EZRA.**

HÉZÉKIAH: (2 Rois XVI—20) orthographe et sens identiques à **HIZKIAH**.

HÉZÉKIAHOU: (1 Rois XVIII—14) orthographe et sens identiques à **HIZKIAHOU**.

HI (hé, iod, aleph): *elle* (Genèse III—12). Parfois utilisé à la place de **HAI**, mais en fin de compte nettement moins probable que celui—ci. Certains érudits (MB, CG) rapprochent **HI** du terme arabe qu'utilisent les chameliers pour faire lever leurs bêtes.

HIÉRARCHIE: du grec *hieros, sacré, divin, auguste,* et d'*arkhos, guide, chef,* par latin ecclésiastique *hierarchia.* En dehors de sa signification courante, nom de la Loge à plusieurs degrés du REAA.

HIÉROGLYPHE: du grec *hieros, sacré,* et *gluphein, graver. Caractères sacrés* à l'origine, par référence aux hiéroglyphes égyptiens. Le mot est surtout utilisé dans le sens de signes dont chacun représente un mot entier, plutôt qu'un phonème ou une syllabe. Terme parfois utilisé par le REAA dans le sens de texte sacré.

HIKAH (hé, kaph, aleph, hé): ce mot n'existe pas en hébreu. V., qui le cite, dit *affligé, contristé,* ce qui est tout à fait faux; très probablement il confond soit avec **HAKAAH,** même orthographe, action de *battre* ou de *frapper,* soit avec **IKAH** (iod, kaph, hé), *frappera* (Gén. VIII—21), soit peut—être avec **NIKAH**.

HIMMANOUEL: orthographe d'**IMMANOUEL** donnée par D. Le H est tout à fait superfétatoire.

HIRAM: voir **KHIRAM.**

HIRAM ABI (ou **ABIF,** ou **HABI**): des déformations de **KHIRAM AVI,** composé des deux mots, **KHIRAM** et **AVI,** qu' il serait utile de voir séparément.

HIZKIAH (kheth, zaïn, koph, iod, hé): *ma force est* **YAH**, *Yah est fort, Yah est force* (Rois XVIII—4). C'est le nom hébreu d'Ézéchias, fils d'Ahaz, roi de Juda, qui brisa le **SERPENT** de cuivre que Moïse avait fait dans le désert, car les gens du peuple étaient de plus en plus nombreux à l'adorer comme une idole. Voir aussi **NEKHEMIAH** et **NE-KHUSHTAN.**

HIZKIAHOU (kheth, zaïn, koph, iod, hé, vav): sens identique à **HIZKIAH***. Nom de plusieurs personnages de la Bible dont aucun ne nous intéresse particulièrement.

HOBBHEN: distorsion de **YEHOHABEN***.

HOBED: déformation de **'OVED*** donnée par D.

HOBED EDOM: déformation de **'OVED EDOM*** donnée par D. Y aurait−il une relation avec **HOBEN***, à travers des déformations encore plus importantes? Difficile à dire.

HOBEN ou **HOBBEN:** c'est très probablement une distorsion, soit de **'OVED*** à travers **HOBED***, soit de **YEHOHABEN***. Certains rituels présentent un certain **HOBEN AKIROPH** comme étant le principal assassin dans la légende maçonnique.

HOD (hé, vav, daleth): *majesté* ou *splendeur* (1 Ch. XXIX−11). Sans compter **DA'ATH***, c'est la huitième **SEPHIRA***.

HOKHMAH: voir **KHOKHMAH**.

HOSANNA: voir **HOSH'ANA**.

HOSCHEAH: déformation de **HOSHE'A*** donnée par D.

HOSCHÉE: traditionellement, *sauveur*. En réalité, *sauveur* se dit en hébreu **YESHU'A***. S'utilise à certains degrés à la place de **HOUZÉ***, **HOUZZAI*** ou **OSÉE***.

HOSHA'AH (hé, vav, shin, aïn, hé): *salut, sauvetage, rédemption*. Voir aussi **HOSHE'A**).

HOSH'ANA (hé, vav, shin, aïn, noun, aleph): *je prie pour le salut, je prie pour la rédemption* (Mat. XXI−9). Assez curieusement, ce terme ne se retrouve <u>que</u> dans dans les Évangiles, en hébreu au milieu du texte grec.

HOSHE'A (hé, vav, shin, aïn): *salut, sauvetage, rédemption, aide de Yah* (Nomb. XIII−8). C'est le nom primitif de Josué (voir **YEHOSHU'A**) et celui d'un prophète mineur, Osée (Os. I−1). Se dit aussi bien **HOSHA'AH*** ou **YESHUAH***.

HOTSBIM: voir **KHOTSVIM**.

HOUPPE DENTELÉE: du franc *huppo*, *touffe* (et signifiant *corde* dans le parler des Maçons opératifs), et de *dentelle*, diminutif de *dent* dans le langage du 14ᵉ siècle et signifiant alors *noeud*. Une corde nouée, aux deux bouts effilochés, qui a sa place dans la symbolique

H

maçonnique. Selon certains auteurs, le terme de houppe ne devrait s'appliquer qu'à ces bouts, mais l'explication ci-dessus me paraît nettement plus satisfaisante.

HOUZÉ (hé, vav, aleph, – zaïn, hé): *c'est lui!* De **HOU**, *lui* (Gén. IV-4), et **ZÉ**, *celui-ci, c'est* (Ex. XV-2). Maintes autres traductions plutôt fantaisistes sont données dans les tuileurs. Voir aussi **HUZZA, OSÉE, HOUZZAÏ, UZAÏ** et **'UZZA**.

HOUZZAÏ ou **HUZZÉ**: variations de **HOUZÉ*.

HUZZA ou **HUZZAH**: c'est un terme typiquement britannique, corespondant exactement dans son utilisation (surtout militaire et universitaire) au "hourra" français ou au "vivat" latin. Je ne sais pas, au moment d'écrire ces lignes, si c'est **HUZZA** qui provient de **HOUZÉ** ou vice-versa. Il n'est pas clair non plus s'il y a une autre relation qu'une pure coïncidence entre les deux mots. Voir aussi **'UZZA**.

H.T.S.T.K.S.: un acronyme interprété par V. comme "Heave This Stone To King Solomon". Erroné; en réalité, soit "Hyram, Tyrian, Sends To King Solomon", soit **H.T.W.S.S.T.K.S.**; "Hyram, Tyrian Widow's Son, Sends To King Solomon". C'est un des très rares "mots" d'origine anglaise dans le REAA ancien.

HYPERBORÉEN: du grec *huper, au–delà, au–dessus,* et *boreas, vent du nord. Qui vient de l'extrême Nord.* De très nombreuses traditions occidentales viennent du Nord, qu'il soit extrême ou non. Selon certaines autres traditions, la Maçonnerie elle–même serait d'origine hyperboréenne.

IABIN (plutôt **YAVIN**, iod, beth, iod, noun): *intelligent*; de **HEVIN** (hé, beth, iod, noun), *comprendre*. Un roi de Hatzor vaincu par Josué près du lac de Merom (Jos. II-1). Il se peut que ce mot soit utilisé à tort, à la place de **YAKIN***.

IAH: pour la standardisation, l'orthographe utilisée pour ce mot dans ce dictionnaire est **YAH***.

IAHABOROU HAMMAIM: déformation de **YA'AVOROU HAMAIM***.

IAHO: pour la standardisation, l'orthographe utilisée pour ce mot dans ce dictionnaire est **YAHO***.

IAKIN: pour la standardisation, l'orthographe utilisée pour ce mot dans ce dictionnaire est **YAKIN***.

IAKINAI: pour la bonne forme, l'orthographe utilisée pour ce mot dans ce dictionnaire est **YAKINAI***.

IAM (iod, mem): *mer, lac, étendue d'eau* (Gén. I-10).

IAM MUTZAK (iod, mem, - mem, vav, tsadik, koph): *mer coulée*, dans le sens de fonderie (1 Rois VII-23). Un autre nom de **IAM NEKHOSHET***, l'immense bassin de cuivre fondu par **HIRAM*** et installé devant le Temple de Salomon.

IAM NEKHOSHET (iod, mem, - noun, kheth, shin, tav): *mer de cuivre* ou *de laiton* (2 Rois XXV-13). Certains traduisent **NEKHOSHET** par *airain* ou *bronze*, ce qui est moins probable. Pour des pièces coulées de cette taille, la dureté et la sonorité du bronze étaient inutiles et sa friabilité était un net désavantage. La Mer fut un des grands travaux de fonderie que **KHIRAM***, fils de la veuve de Tyr, fit pour le Temple de Salomon; il s'agissait d'un immense bassin de cuivre, supporté par douze boeufs du même métal, érigé devant le Temple et servant aux ablutions rituelles.

IAO: déformation de **YAHO***.

IAPETUS: déformation probable de **YEPHET***.

IAPHETH: déformation probable de **YEPHET***.

I.B.M.: ce sont les initiales de **IAKIN** (plutôt **YAKIN***), **BO'OZ***, **MA HABONEH***. Rien à voir avec l'ordinateur qui a servi à la préparation de ce dictionnaire.

IEA: déformation de **YAH***.

IEHORAM (iod, hé, vav, resh, mem): *élevé, Dieu est élevé*. Voir **IORAM**.

I

IEHOUDAH BINIAMIN: voir les mots **YEHUDAH** et **BENYAMIN**.

IEHOUDAH IAH: voir les mots **YEHUDAH** et **YAH**.

IEHOVAH: voir **YAHVÉ**.

IESUAH: voir **YEHOSHU'A**.

'IKSHAN (aïn, koph, shin, noun) ou **IKSHAN** (iod, koph, shin, noun): *homme ayant les genoux cagneux*. De **IKESH** (aïn, koph, shin): *tordu, pervers* (Prov. II-15). Terme non biblique, très improbable dans le contexte où on le trouve. Voir plutôt **IOKSHAN**.

ILLUSTRE: *célèbre* ou *qui éclaire*. Du latin *lustrare, éclairer*, à travers *illustris, lumineux*. Titre des Frères à un certain degré.

'IMMANUEL: voir **'IMMANOUEL**.

'IMMANOUEL (aïn, mem, aleph, noun, vav, aleph, lamed): **ELOHIM** *est avec nous* (Isaïe VII-14). Le nom symbolique donné au fils annoncé à Ahaz et au peuple de Juda pour leur signifier que Dieu les délivrerait de leurs ennemis. Le thème fut repris, par Matthieu, pour le compte de Jésus (Matt. I-23). Il n'y a pas de justification pour le double **M**, laissé ici juste pour respecter une habitude séculaire, car l'hébreu ne connaît pas de doubles consonnes sans voyelle intercalaire.

I.M.I. (iod, mem, iod): un acronyme utilisé dans le rite de Kilwinning. Sans explication pour l'instant.

INDEX: mot latin signifiant *indicateur*. Très improbable à l'endroit où il est utilisé dans certains rituels. Sans aucun doute, il s'y agit d'une déformation de **JUDEX*** due à une mauvaise lecture d'un manuscrit plus ancien.

INSPECTEUR: du latin *inspector, celui qui examine avec minutie*. Titre des membres à certains degrés.

INITIATION: du latin *initiatio*, de *initium, origine, commencement, début, fondement*. Certains font venir ce terme d'*initio*, mot auquel ils donnent le sens de "premier pas". Faux, car *initio* signifie tout simplement "initier" dans le sens que nous lui donnons de nos jours, c'est-à-dire instruire de façon symbolique et pour une première fois à des mystères ne pouvant être communiqués d'aucune autre manière.

INON XILAS: voir **SALIX NONIS**.

I.N.R.I.: iod, noun, resh, iod, à condition que ce soit de l'hébreu, car des multitudes de traductions on été proposées en dehors du très courant

I

IESUS NAZARENUS REX IUDÆORUM: IAM (iod, mem), *eau* (plutôt *mer*), **NOUR** (noun, vav, resh), *feu* (plutôt *lumière*), **RUAKH**, (resh, vav, kheth), *air* (plutôt *vent* ou *esprit*), **IAVASHA**, (iod, beth, shin, hé), terre (plutôt *côte* et par opposition à *mer*, car la matière *terre* s'appelle **ADAMA** ou **KARKA**). La traduction hébraïque, passablement tirée par les cheveux afin de faire coïncider les initiales, est la moins probable. L'appellation correcte des quatre éléments chez les alchimistes juifs médiévaux est **ESH** (*feu*), **MAIM** (*eau*), **AVIR** (*air*), **ADAMA** (*terre*), **E.M.A.A.**, (aleph, mem, aleph, aleph). V. cite aussi **IGNE NITRUM RORIS INVENITUR, IGNE NATURA RENOVATUR INTEGRA, IGNEM NATURA REGENERANDO INTEGRAT**, phrases latines dont la traduction est évidente.

INTENDANT: du latin médiéval *intendens, surveillant.* Nom des Frères à un certain degré.

INTENDANT DES BATIMENTS: le nom des Frères à un certain degré. Voir **INTENDANT**.

IOBEL: ancienne écriture phonétique de **YOVEL***, devenue incorrecte à notre époque.

IOD; soit (iod), soit (iod, vav, daleth): nom de la dixième lettre de l'alphabet hébreu. L'un des noms de Dieu, l'unité du principe créateur selon la Kabala. Aussi *main* dans le sens de *main créatrice, connaissance* et *souvenir.* Fait partie, avec **IVAH*** et **YAHVE***, d'un triangle sacré utilisé par les kabalistes. Nom de l'une des neuf arches soutenant une certaine voûte.

IODIADA: déformation de **YEHOIAD'A***.

IOKSHAN (iod, vav, koph, shin, noun): *chasseur d'oiseaux, oiseleur;* le nom de l'un des fils d'Abraham par Ketura (Gén. XXV-2, Gen. XXV-3).

IORAM ou **IEHORAM** (iod, [hé], [vav], resh, mem): *élevé, Dieu est élevé* (2 Rois VIII-16). Parmi d'autres **IORAM**, deux rois de ce nom régnèrent en même temps en Juda et en Israël, environ deux siècles après David. Aucun **IORAM** n'est mentionné dans la Bible à propos de l'ère salomonienne. Traditionnellement et selon V., ce serait un des architectes que Salomon envoya au Liban pour surveiller la coupe et la préparation du bois pour le Temple. Voir aussi **KHIRAM**.

IRAM: déformation de **KHIRAM***.

ISRACHIAH IEHOVAH HIRAM STOLKIN GÉOMETRE ARCHITECTE: un enchaînement de mots sans aucune relation particulière entre eux et ne signifiant rien ensemble. En tout cas, certains d'entre eux se prêtent difficilement à une interprétation valable, même isolés. Les voir séparément.

I

ISH'AÏ (iod, shin, aïn, iod): *mon Salut; vainqueur.* Nom assez courant dans la Bible (1 Chr. II-3).

IUDEX: *juge* en latin.

IVA ou **IVAH** (iod, vav, hé): un des noms de Dieu selon la Kabala. Fait partie, avec **IOD*** et **YAHVE***, d'un triangle sacré utilisé par les kabalistes. La forme (iod, vav, aleph), parfois rencontrée dans les textes, est incorrecte. N'existe pas dans la Bible.

'IVA ou **'IVAH** (aïn, vav, hé): le dieu babylonien du ciel (2 Rois XVIII-34), à ne pas confondre avec **IVA** (iod, vav, hé).

I.V.I.O.L.: V. dit, en latin, *Inveni Verbum In Ore Leonis*; ceci donne, en français, *j'ai trouvé le Mot dans la gueule du lion.* D. dit quant à lui *Inveni Veritatem In Ore Leonis*, donc *j'ai trouvé la vérité dans la gueule du lion.*

IVORAN: déformation de **IORAM***.

IZRACHIA: ancienne écriture phonétique d'**IZRAKHIA**, devenue incorrecte à notre époque.

IZRACHIAH: ancienne écriture phonétique d'**IZRAKHIA**, devenue incorrecte à notre époque.

IZRAKHIA (iod, zaïn, resh, kheth, iod, hé): *l'aube de Dieu se lèvera.* Nom de l'un des arrière-petits-fils d'Issachar (1 Chr. VII-3) et, selon V., l'un des architectes envoyés par Salomon au Liban pour surveiller la coupe et la préparation du bois pour le Temple. Aucun Izrachia n'est cité dans la Bible à propos de l'ère salomonienne. Voir aussi **KHIRAM**, **ZRACHIA** et **ZRACHIEL**.

IZRACHIEL: voir **ZRAKHIEL**.

N.B.: Aucun mot hébreu ne commence par **J**. Les mots ci-dessous ne peuvent donc être que des *déformations* de mots hébraïques, ou de mots *d'autres origines*.

JAABOROU HAMMAIM: une déformation assez ancienne de **YA'AVOROU HAMAIM**, présente dans de nombreux rituels.

JABAMIAH: déformation de **HA-BAMAH**, parfois rencontrée dans certains rituels et citée par V.

JABANIAC: très probablement une déformation de **HA-BAMAH**. Elle est parfois rencontrée dans certains rituels anciens. Citée par D. dans son tuileur.

JABULON: traditionellement, mais dans aucune langue connue, *bon maçon*. Très probablement une déformation de **ZEVOULOUN**, via **ZABULON**, bien que certains, cités dans le tuileur de V., fassent venir le mot de **JOBEL (YOVEL)**. Du point de vue grammatical ce serait possible, car le suffixe **ON** est un diminutif courant en hébreu ancien et moderne.

JABULUM: une déformation de **JABULON**.

JACHIN: voir **JACQUIN** et **YAKIN**.

JACHINAI: ancienne écriture phonétique d'**YAKINAI**, devenue incorrecte à notre époque.

JACKSON: si le mot est hébreu, il est très corrompu; une hypothèse sérieuse ne pourrait être émise que très difficilement quant à son origine. Il pourrait peut-être venir de **IKSHAN**, via **JEKSAN**. Si ce n'est pas de l'hébreu, D. et CG pensent que cela pourrait vouloir dire *fils de Jacques* (en anglais évidemment), le fils de Jacques II, suivant des interprétations de la fin du 18e siècle. Et pourquoi pas en fin de compte *fils de* **JACQUES DE MOLAY**, si nous nous souvenons de la permanente préoccupation de nombreux Franc-Maçons par une filiation Templière? On peut aussi envisager une relation avec le Maître Jacques de la tradition compagnonique.

JACQUES: le Maître Jacques de la légende compagnonique. Selon celle-ci, il aurait appris la sculpture en Grèce (léger anachronisme) et aurait été le compagnon d'Hiram lors de la construction du Temple. Il est parfois difficile de savoir si, dans un texte donné, il s'agit bien de Maître Jacques ou de **JACQUES DE MOLAY**. Voir aussi **JACQUIN** et **YAKIN**.

J

JACQUES DE MOLAY: dernier Grand Maître de l'Ordre des "Pauvres Chevaliers du Christ et du Temple de Salomon" (*pauperes commilitones Christi templique Salomonici*), autrement connu sous le nom d'Ordre **TEMPLIER***. Mort sur le bûcher à Paris, en mars 1314, après un procès qui avait certainement très peu de commun avec la justice telle que nous la concevons, de par les volontés réunies de Philippe IV le Bel, roi de France et de Clément V, Pape en Avignon. Des centaines de volumes ont été publiés sur les relations (très peu documentées) ou sur une filiation supposée, possible, mais assez improbable et encore moins documentée, entre les Templiers et la Franche Maçonnerie à travers les Maçons opératifs. Ce qui n'empêcha pas certains grades du REAA de s'en réclamer directement.

JACQUIN: selon la tradition et la légende compagnonique, ce serait le nom du père de Maître Jacques. Il se peut bien que le REAA ait emprunté le mot à cette tradition. Voir aussi **YAKIN**, dont le mot paraît tout de même être dérivé à l'origine. Évidemment, les deux explications peuvent être simultanément valables.

JAFFA: ancienne écriture phonétique de **YAFFA***, devenue incorrecte à notre époque.

JAFFO: ancienne écriture phonétique de **YAFFA***, devenue incorrecte à notre époque.

JAH: ancienne écriture phonétique de **YAH***, devenue incorrecte à notre époque.

JAHEB: ancienne écriture phonétique de **YAHEV***, devenue incorrecte à notre époque.

JAHINAÏ: déformation de **YAKINAI***.

JAHO ou **JAHOH:** ancienne écriture phonétique de **YEHOU***, devenue incorrecte à notre époque.

JAHOBEN: ancienne écriture phonétique de **YAHOBEN***, devenue incorrecte à notre époque.

JAKAN: mot très déformé et difficile à tracer. Il pourrait éventuellement venir de **'AKAN**.

JAKINAI: ancienne écriture phonétique de **YAKINAI***, devenue incorrecte à notre époque.

JAKINAI JUDA: ce n'est pas une phrase, mais simplement une juxtaposition de mots déformés, à regarder chacun séparément: **YAKINAI** et **YEHUDAH**.

JAKSONE: voir **JACKSON**.

JANABORANE: un mot très difficile à interpréter car extrêmement déformé. D'après son utilisation, il pourrait bien s'agir d'une corruption de **NEBOUZARADAN***, mais étymologiquement parlant c'est hasardeux; sans aucune garantie.

JAPHA: ancienne écriture phonétique de **YAFFA***, devenue incorrecte à notre époque.

JAPHET: ancienne écriture phonétique de **YEPHET***, devenue incorrecte à notre époque.

JAPHET OLIAB LIBAN: Ce n'est pas une phrase, juste un enchaînement de noms propres (deux noms de personnages bibliques, le nom d'un pays) qu'il faut voir séparément.

JAOBEN: voir **YAHOBEN**.

JAPHO: ancienne écriture phonétique de **YAFFA***, devenue incorrecte à notre époque.

JAV: ancienne écriture phonétique de **YAHVÉ***, devenue incorrecte à notre époque.

J.B.M.: Jacobus Burgundus Molai. Jacques de Molay, Bourguignon. Voir aussi **I.B.M.**

J.B.M.: **JAKIN***, **BO'OZ***, **MA HABONEH***. D. dit *Jakin, Boaz, Makbena*. Son erreur en ce qui concerne le premier et le dernier de ces mots est évidente. Voir aussi **I.B.M.** et **MAC BENAC**.

JEAN BAPTISTE: surtout important dans le REAA par le solstice qui en porte le nom; voir **SAINT JEAN BAPTISTE**.

JEAN L'ÉVANGÉLISTE: surtout important dans le REAA par le solstice qui en porte le nom; voir **SAINT JEAN L'ÉVANGÉLISTE**.

JEAN DE PATHMOS: voir **SAINT JEAN**.

JEHORAM: ancienne écriture phonétique de **IORAM***, devenue incorrecte à notre époque.

JEHOVAH: ancienne écriture phonétique de **YAHVE***, devenue incorrecte à notre époque.

JEHOVAH BERITH NEDER SHELEMUTH: c'est un enchaînement de mots voulant dire *Dieu, alliance, serment et perfection*, pas une phrase. Le symbolisme sous-jacent est très clair. Chercher les mots séparément.

J

JEHOVAH JAKIN: ce n'est pas une phrase, juste deux mots juxtaposés. Chercher plutôt les mots séparément et sous leur forme correcte, qui est **YAHVE** et **YAKIN.**

JEKSAN: probablement mais sans aucune certitude, une ancienne écriture phonétique de **IKSHAN***, devenue incorrecte à notre époque.

JÉRUSALEM: nom dérivé du grec *Hierousalem* ou *Hierosolyma*, dérivé à son tour de l'hébreu **YEROUSHALAIM** (iod, resh, vav, shin, lamed, iod, mem); souvent interprété comme **YIR HA-SHALOM**, c'est à dire *Ville de la Paix.* En réalité c'est le nom originel de la ville du mont Ophel, qui était située à quelques dizaines de mètres au sud de l'actuelle vieille cité, et que le roi David prit aux Jébuséens vers 1050 avant l'E.V. (2 Sam. V-6, 9; 1 Ch. XI-4, 7). Ce nom était **URUSALIMU**, *ville dédiée à Shalem* (un dieu Jébusite). Pour une bonne perspective historique il est intéressant de se rendre compte qu'entre 1011 et 1004 avant l'E.V., à l'époque précise à laquelle le roi **SHELOMO*** y bâtissait son Temple, considéré pendant des millénaires comme une des merveilles de l'architecture, seuls quelques bergers vêtus de peaux habitaient quelques huttes sur les sept collines qui n'étaient pas encore Rome.

JESOD: ancienne écriture phonétique de **YESOD***, devenue incorrecte à notre époque.

JÉSUS: hellénisation de **YESHOU**, diminutif de l'hébreu **YESHAYAHOU**, Isaïe, même si l'Église Catholique aimerait faire venir ce mot de **YESHU'AH***. Il prêcha l'amour du prochain et la tolérance. La légende déforma la plupart de ses actes et de ses paroles, mais le monde monothéiste fut néanmoins changé après lui. Il naquit et il vécut dans les circonstances inhabituelles, merveilleusement relatées par les Évangiles. Il mourut sur la **CROIX***. Le lieu de sa sépulture, qu'elle soit vide ou bien occupée, reste controversé. Bien que sa réalité historique, tout comme celle de **MOÏSE***, n'ait jamais pu être établie (contrairement à celle des Patriarches, par exemple), son importance ne s'en trouva jamais amoindrie.

JEZRACHIAH: ancienne écriture phonétique de **IZRAKHIA***, devenue incorrecte à notre époque.

JHAO: ancienne écriture phonétique déformée de **YAHO***, devenue incorrecte à notre époque.

J.H.V.: abréviation assez rarement utilisée de JEHOVAH*.

JIBULLUM ou **JIBULUM:** déformation de **JABULON***.

JIBELLUM: déformation de **JABULON***.

J.N.R.J: ancienne écriture phonétique de **I.N.R.I.***, devenue incorrecte à notre époque.

JOABEN: ancienne écriture phonétique de **YEHOHABEN***, devenue incorrecte à notre époque.

JOABERT: voir **JOHABERT**.

JOBEL: ancienne écriture phonétique de **YOVEL***, devenue incorrecte à notre époque.

JOCABERT: déformation de **JOHABERT***.

JOD: ancienne écriture phonétique de **YOD***, devenue incorrecte à notre époque.

JOHABEN: voir **YEHOHABEN**. L'un des trois meurtriers, selon une tradition rapportée par V. Il existe dans la tradition des nombreuses triades de noms attribués aux trois meurtriers. Voir aussi **ELECHIOR** et **TERCY**.

JOHABERT ou **JOHABER**: une corruption de **YEHOHAVER***. L'un des trois meurtriers, selon une tradition rapportée par V. Dans une autre tradition et à un autre degré, Johabert était le surveillant des ouvriers de la tribu de Juda, ou encore le favori du roi Salomon. Bien entendu, il n'y a pas d'équivalent biblique de ce personnage. Il existe dans la tradition maçonnique des nombreuses triades formées de noms attribués aux trois meurtriers. Voir aussi **ELECHIOR** et **TERCY**, les deux autres membres de cette triade particulière.

JOHABERT, STOLKIN, TENY, MORPHY, ALGUEBAR, NOIZON, KEREME, BERTAMER, TITO: selon une tradition, neuf Maîtres qui furent à la recherche d'**ABIRAM AKIROPH***. Voir les mots séparément.

JOHANNES RALP: V. le donne comme mot de passe d'un certain degré du REAA, tout en spéculant sur la possibilité que **RALP** vienne du mot hébreu **ROPHE** (resh, pé, aleph), *médecin*, et sur un symbolisme solaire du nom *Jean*, **JOHAN, YOKHANAN** en hébreu. Passablement douteux de tous les points de vue.

JOHABULUM: déformation de **JABULON**.

JOIADA: ancienne écriture phonétique de **YEHOIAD'A***, devenue incorrecte à notre époque.

JOPPE: voir **YAFFA**.

JORAM: ancienne écriture phonétique de **IORAM***, devenue incorrecte à notre époque.

J

JOSUÉ: forme francisée de **YEHOSHU'A***. Selon une tradition, l'un des chefs du peuple lors du retour de Babylone.

JOUB-BURMAÏ: mot par trop déformé pour en définir le sens et l'origine.

JOURDAIN: **YARDEN** (iod, resh, daleth, noun) en hébreu, *celui qui descend* (Gén. XIII-10), car le Jourdain se jette dans la mer Morte au point le plus bas du globe sur terre ferme, −392 m. Le plus grand fleuve de Terre Sainte; il est pourtant bon de se souvenir (car tout est relatif) que le Jourdain n'a qu'une douzaine de mètres de large sur quelque 200 Km. de long. Ce qui ne l'a pas empêché d'être l'un des fleuves les plus connus du monde. Diverses et nombreuses religions locales prescrivirent au cours des millénaires de s'y purifier rituellement. Des sectes juives le firent jusqu'au premier siècle de notre ère. C'était probablement en tant que membre de l'une d'elles, les Esséniens, que **SAINT JEAN BAPTISTE*** y baptisa **JÉSUS***. La Kabala et d'autres systèmes ésotériques mentionnent le Jourdain en tant que flot continu, reliant ce qui est en haut avec ce qui est en bas.

JUBELAS: traditionnellement, l'un des trois mauvais compagnons de la légende maçonnique, avec **JUBELOS** et **JUBELUM**. Ces noms, apparemment des déformations de **JABULON*** avec l'adjonction de suffixes latins ou grecs, me semblent être des fabrications tardives et sans aucune valeur symbolique ou initiatique. Quelques autres triades du même genre sont citées sous **AVIRAM***.

JUBELOS: voir **JUBELAS**.

JUBELLUM: voir **JUBELAS**.

JUBIL: déformation de **YOVEL***.

JUBILÉ: de l'hébreu **YOVEL***, par le latin ecclésiastique *jubilæus. qui a plus de cinquante ans*. Se dit parfois en Franc-Maçonnerie d'une période de *trente-trois ans*. Se retrouve à certains degrés dans le sens kabalistique de *cycle cosmique de 50.000 ans*.

JUDA: voir **YEHUDAH**.

JUDA BENJAMIN: ce n'est pas une phrase, mais une juxtaposition de deux mots. Les voir séparément et sous leur forme correcte, **YEHUDAH** et **BENYAMIN**.

JUDAH: ancienne écriture phonétique de **YEHUDAH***, devenue incorrecte à notre époque.

JUDEA IA: une déformation, soit de **YEHUDAH YAH** (voir alors chacun des mots séparément), soit de **YEHOIAD'A***.

JUDEX: *juge* en latin.

JURIDICTION: du latin *juris dictio, dire la justice.* En ce qui nous concerne, c'est le terme utilisé pour l'organisation réunissant les loges de hauts grades du REAA, tout comme une obédience réunit les loges des trois premiers degrés. N'en déplaise à certains Frères juges, avocats et juristes, il n'y existe aucun aspect judiciaire. Le sens est plutôt territorial, car en principe une juridiction et une seule peut exister sur un territoire national. En pratique ceci n'arrive pas toujours.

JVAH: ancienne écriture phonétique de **IVAH***, devenue incorrecte à notre époque.

JZRACH IAH: voir **IZRAKHIA**.

JZRACH IAH, JEHOVAH, HIRAM, STOLKIN, GEOMETRES – ARCHITECTES: un enchaînement de mots cité par V., qui ne lui trouve pas beaucoup de sens, en quoi il a parfaitement raison. Chercher séparément les mots qui le composent (**JZRACH IAH** sous sa forme correcte, **IZRAKHIA**).

K

KA: la seconde syllabe du mot **NEKAMAH***, dont les trois syllabes sont utilisées séparément dans certains degrés. Voir **KAH**.

KAABA: voir **QA'ABA**.

KABALA (koph, beth, lamed, hé): *ce qui a été reçu, chose transmise, tradition*; de **KABEL*** (koph, beth, lamed, hé), *prendre* ou *recevoir* (1 Ch. XII-18). Mouvement et système philosophique et ésotérique juif dont les débuts remontent au 1er siècle de l'ère actuelle. Intellectuelle et peu mystique, en dépit de tout ce qui a été dit et écrit, la Kabala postule que le Dieu Créateur est infini, parfait et en conséquence parfaitement inaccessible à l'esprit ou à l'intellect humain. Le seul moyen permettant d'approcher une certaine compréhension de la Divinité ne saurait donc être que l'étude de son expression dans les aspects divers et multiples de la Création. Ceux qui reconnaissent là des échos néo-platoniciens ou gnostiques ne se trompent point. De ce fait, les adeptes de la Kabala se lancèrent dans l'étude de ce que nous allions plus tard appeler les sciences de l'univers et de la nature. Mais ils se lancèrent surtout dans l'étude de cette création unique et très spéciale, le Volume de la Loi Sacrée, avec ses facettes et profondeurs multiples, accessibles seulement grâce à l'outil fourni par les caractéristiques très particulières des 22 caractères de l'alphabet sacré. Les assez nombreuses spéculations quant à une origine latine du mot (par exemple de *caballus*, cheval) ou sur l'existence d'une Kabala chrétienne, basée ou non sur la Vulgate, sont parfaitement oiseuses.

KABALISTE: terme d'origine occidentale appliqué aux pratiquants présumés de la philosophie et de l'ésoterisme de la Kabala. Il n'existe point chez les pratiquants eux-mêmes, qui se disent être tout simplement des **TALMIDIM**, des "étudiants", à moins que leurs égaux ne leur aient donné le titre de **MEKOUBALIM**, *reçus*. D'où l'on peut tirer une conclusion très utile dans nos cercles: ceux qui se disent Kabalistes ne le sont assurément pas. Ceux qui semblent en savoir quelque chose et qui en parlent peu, en termes simples et clairs, sans s'envelopper de mystère, le sont *peut-être*.

KABEL (koph, beth, lamed): *prendre* ou *recevoir* (1 Ch. XII-18).

KADOS: voir **KADOSH**.

KADOSCH: voir **KADOSH**.

KADOSH (koph, daleth, [vav], shin): peut être traduit de nombreuses façons. Dans la Bible elle-même, le terme signifie le plus souvent: *saint, sans souillure* et de ce fait *séparé* (Ex. XIX-6), soit plus rarement l'opposé: *impur, souillé* (Deut. XXII-9). Toutes les langues anciennes contiennent de ces mots qui expriment en même temps une idée et son antithèse, la différence se faisant par le contexte ou par l'intonation.

K

Les exemples abondent mais un seul suffira: le mot *sacer* en latin, avec exactement les mêmes connotations et interprétations que le mot **KADOSH**. Les légendes traditionnelles démontrent à l'évidence que la première interprétation de **KADOSH**, et elle seule, est à retenir en ce qui nous concerne.

KAH (kaph, kheth): *prends* (Gén. VI-21). Voir **KA**.

KAI voir **KI**. D. dit que ce mot serait une déformation de **HAI** (hé, iod), *vivant*. Possible mais improbable.

KAIN voir **CAÏN**.

K.C.C.H.: pour une fois c'est de l'anglais; Knight Commander of the Court of Honour. C'est le nom de l'un de deux degrés existant uniquement aux Etats Unis, suite aux réformes d'Albert Pike, et insérés entre deux degrés anciens et réguliers du REAA.

K.D.H.: lettres utilisées sur les cordons anglais du grade et prises dans le mot KaDosH. Voir **K.K.D.H.**

KELEH (kaph, lamed, aleph): *geôle* (Rois XXV-29).

KELEH NEKAM: ce n'est pas une phrase, mais une juxtaposition de deux mots. Les voir séparément.

KEROUBIM: voir **KEROUV**.

KEREME: le nom est très déformé; il est difficile d'en deviner l'origine, mais il pourrait venir à la rigueur de **KEREM** (khaph, resh, mem), *vigne*. Selon une tradition, le surveillant des ouvriers de la tribu de Dan. Bien entendu, il n'existe pas d'équivalent biblique de ce personnage.

KEROUV (kaph, resh, vav, beth): singulier de **KEROUVIM** (hébreu) et de **KEROUVIN** (araméen); *agrippé, tenu solidement*; *chou* (le légume); *enfantin* (en babylonien). Des êtres surnaturels; classe de sept anges (Ex. XXV-19) sembables aux sphinx, nommément: **GAVRIEL, HAMA-LIEL, MIKHAEL, OURIEL, RAPHAEL, TSAPHIEL** et **ZRAKHIEL** (voir tous ces noms). Pourrait venir de **KERAV** (kaph, resh, beth), *ceindre, couronner ou labourer*. Pourrait venir aussi de **KRAV** (koph, resh, beth), *bataille*. Selon V., l'origine du mot pourrait être **KAROV** (même ortho-graphe que **KRAV**), *proche*, car les deux images des **KEROUVIM** sont physiquement très proches de l'Arche de l'Alliance dans la description biblique. Possible, malgré la différence d'orthographe. Les autres interprétations de V., comme *charrue* et *fût d'un dard* ou *d'une pique* ne sont pas défendables.

KEROUVIM: pluriel de **KEROUV*** (Gén. III-24).

KEROUVIN: pluriel araméen de **KEROUV***.

KETER (kaph, tav, resh): *couronne* (Esth. I-11). La première et la plus exaltée des **SEPHIROT***.

KETHER: voir **KETER**.

KHAM (kheth, mem): *chaud* ou *noir*. Second fils de Noé, lequel le maudit ainsi que toute sa descendance (Gén.IX-25) pour grave manquement à son devoir de respect filial. C'est l'un des trois ancêtres de l'humanité post-diluvienne, et en l'occurence de tous les Hamites, c'est à dire des Égyptiens, Canaanéens, Philistins, et Africains.

KHAMALIEL (kheth, mem, lamed, iod, aleph, lamed): *mon Dieu est indulgent*, ou *indulgence de Dieu*. De **KHAMAL** (kheth, mem, lamed), *avoir de la compassion, de l'indulgence* (Ex. II-6). C'est le nom de l'un des **KEROUVIM***.

KHANAN (kheth, noun, noun): *gracieux* (Gén. XLIII-29).

KHANANIAH (kheth, noun, noun, iod, hé): *Dieu est gracieux* (Neh. VII-2). Ce fut le majordome du palais de Jérusalem à l'époque de Néhémie (voir **NEKHEMIAH**).

KHANOKH (kheth, noun, vav, kaph): *dédié (à Dieu)*. Le fils aîné de Caïn, petit-fils d'Adam et d'Eve (Gén. IV-17, 18) et père de Mathusalem (Gén. V-21). Auteur présumé du livre (un des **APOCRYPHES***) de la Bible qui porte son nom. Il "vécut 365 ans. Il marcha avec Dieu et puis ne fut plus, car Dieu le prit." (Gén. V-23, 24). Selon la tradition maçonnique, trois frères auraient découvert une voûte datant de son époque. Sous cette voûte, un piédestal central portait une pierre sur laquelle un ancien mot était gravé.

KHASAN (kheth, samekh, noun): ce mot, qui est donné par V. de préférence à **CASMARAN***, est cité comme étant le nom de l'Ange de l'Air dans certains rituels. Dans ce sens, c'est une invention; en réalité, **KHASAN** veut dire *renforcer* ou *posséder* (Dan. VII-18).

KHEN (kheth, noun): *grâce, faveur, merci*. Il s'agit d'un autre nom, assez rarement rencontré, de la sixième **SEPHIRA*** (Gén. VI-8). Voir aussi **TIFERET**.

KHENAN (kheth, noun, noun): *gracieux* (Gén. XLIII-29).

KHEREME (kheth, resh, mem): *excommunication*. Selon une tradition, le surveillant des ouvriers de la tribu de Dan. Extrêmement improbable. Pourrait venir, à la rigueur, de **KEREM** (khaph, resh, mem), *vigne*. Bien entendu, il n'existe pas d'équivalent biblique de ce personnage.

KHESED (kheth, samekh, daleth): *amour, charité, grâce* ou *miséricorde* (Gén. XIX-19). La quatrième **SEPHIRA***.

K

KHIRAM (kheth, iod, resh, mem): *mon frère est élevé (ou exalté).* Parfois trouvé sous la forme **AKHIRAM** (aleph, kheth, iod, resh, mem), même traduction, ou **HURAM** (hé, vav, aleph, resh, mem), *il est élevé (ou exalté).* De nombreuses autres traductions, plus ou moins fantaisistes, ont été proposées. L'avantage de celles données plus haut est d'être exactes. Nom du roi de Tyr, ami et allié du roi Salomon (**SHELOMO***, 1 Rois V), ainsi que du célèbre artisan du Temple de Jérusalem (1 Rois VII). Dans la tradition maçonnique, ce dernier, considéré comme l'architecte du Temple, est souvent appelé **ADON KHIRAM** ou **KHIRAM AVI**, *Seigneur Khiram* ou *Khiram mon Père* (voir **ADON** et **AVI**). Personnage central de la légende maçonnique, épitomé de toutes les qualités qu'un Franc-Maçon devrait avoir. La plus grande partie du REAA est tissée autour de sa personne (et de celle du roi Salomon), de sa vie, de ses actes, de sa mort, et des évènements qui suivirent sa mort.

KHOKHMAH (kheth, kaph, mem, hé): *sagesse, habileté, humour* (Ex. XXVIII-3). La seconde **SEPHIRA***.

KHORIM (kheth, vav, resh, iod, mem): pluriel de **KHOR**, kheth, vav, resh; *homme libre.* Terme non biblique.

KHOTSVIM (kheth, tsadik, beth, iod, mem): c'est le pluriel de **KHOTSEV** (kheth, tsadik, beth), un *carrier* ou un *tailleur de pierre.* Selon les Écritures (1 Rois V-16) et la tradition maçonnique, il y en eut 80.000.

KI (kaph, iod): *que.* Plus probablement **HAI***, quoique certains érudits (MB, CG) rapprochent **KI** du terme arabe qu'utilisent les chameliers pour faire agenouiller leurs bêtes.

KILWINNING: terme anglais; c'est le nom d'un village de l'Ayrshire, en Écosse, où une abbaye fut établie au 12ᵉ siècle par des moines français. Il est réputé abriter la plus ancienne loge d'Écosse, laquelle aurait vu la création par David Ier, roi d'Écosse, au 12ᵉ siècle aussi, d'un Ordre chevaleresque et maçonnique. Il y a du vrai. La plus ancienne Loge d'Écosse est celle d'Édimbourg, celle de Kilwinning ayant été la seconde mais la plus importante, car elle avait toujours eu la plus forte influence. Ceci fait qu'elle porte le N°. 0 de la Grande Loge d'Écosse. Quant à l'Ordre, si Ordre il y eut, ce serait plutôt celui des Écossais de Saint-André que Robert the Bruce, roi d'Écosse, aurait créé en 1314 pour quelques Chevaliers Templiers réfugiés dans son pays, qui l'auraient beaucoup aidé lors de la bataille de Bannock Burn. De cet Ordre seraient issus le Royal Order of Scotland, composé du degré de Heredom de Kilwinning et de celui de Rosy Cross, ainsi que les divers rites Écossais. Il n'y a pas de documents suffisants, ni pour étayer ni pour démentir ces hypothèses. L'avenir apportera peut-être plus de lumière. En tout cas Kilwinning, ses rites et ses Ordres ont été une riche source de légendes, ainsi que d'un degré du REAA. Voir d'autres détails sous **HEREDOM**.

KIRIE ou **KIRIES**: voir **KYRIE**.

K.K.D.H.: anglais; Knight KaDosH. Voir **C.K.H.**

KODESH (koph, daleth, shin): *saint, sainteté.* Voir aussi **KADOSH**.

KODESH HA-KODESHIM: le *Saint des Saints*. Voir les deux mots. **HA** n'est qu'un article.

KODESHIM ou **KEDOSHIM** (koph, daleth, shin, iod, mem): pluriels de **KADOSH*** ou de **KODESH***.

KOL (kaph, lamed): *tout* (Gén. III-17).

KOL (koph, vav, lamed): *voix, son* (Gén. III-8).

KY: voir **KAI** et **KI**.

KYRIE: du grec *kurie,* dérivé de *kurios, seigneur* (Matt. I-20).

LANDMARK: terme anglais et l'un des plus galvaudés du vocabulaire maçonnique. Formé de *land*, c'est à dire *pays, contrée*, et de *mark*, qui dans ce contexte ne veut nullement dire marque, mais *repère*, comme le sait déjà tout lecteur parlant décemment l'anglais. En ce qui concerne le mot composé lui-même, il ne veut certainement dire ni jalon, ni borne, comme on a laborieusement tenté de le traduire. Un landmark est un détail caractéristique d'un paysage, le rendant facilement reconnaissable, un peu comme un moulin en Hollande ou un phare sur une côte. En Franc-Maçonnerie, ce mot définit donc au fait des *repères*, des *caractéristiques* sans lesquelles le paysage maçonnique ne serait pas reconnaissable comme tel. Des landmarks divers ont été proposés, par listes innombrables. Ceci fut le plus souvent fait par des obédiences voulant ainsi présenter leurs propres coutumes et habitudes comme les seules Bonnes, les seules Vraies, les seules Justes, en dehors desquelles il n'y aurait point de salut. Il ne faudrait surtout jamais oublier que les mêmes obédiences, la Grande Loge Unie d'Angleterre comprise, ne se sont jamais privées de changer les dits Landmarks, de nombreuses fois, selon la convenance du moment.

LAUS DEO: latin; *louange à Dieu.*

LAVAN (lamed, beth, noun): *blanc* (Gén. XXX-35). Le mot est un peu moins innocent qu'il n'en a l'air au premier abord. En dehors du sens évident de *pureté* ou *innocence*, l'on se souviendra que **LEVANON*** est le *nom du pays* et veut dire aussi *encens*. De même, **LEVANA*** signifie *lune.*

L.D.P.: **LAKAKH DROR PESAKH** (lamed, koph, kheth, – daleth, resh, vav, resh, – pé, samekh, kheth), *il reçut* (ou plutôt *prit*) *droit* (plutôt *liberté*) *de passage*. D. dit encore **Lilia Destrue Pedibus.** Voir aussi **D.D.P.**. L'interprétation officielle du Suprême Conseil de France est *Liberté De Passer.*

LEMEKH (lamed, mem, kaph): *fort, sauvage, qui renverse, force*. Le père de **TOUVAL CAÏN*** (Gén. IV-18), époux de Tsilla. Un autre **LEMEKH** fut fils de Mathusalem et le père de Noé (**NOAKH***; Gén. V-25). V. dit *pauvre*, ce qui est parfaitement faux.

LEVANA (lamed, beth, noun, hé): *lune* ou *blanche.*

LEVI (lamed, vav, iod): *joint* (de joindre). Troisième fils de Jacob et de Léa (Gén. XXIX-34), ancêtre de la tribu du même nom, dont les membres fournirent le personnel du Temple de Jérusalem.

LÉVITE: appellation française des descendants de **LEVI***, qui fournirent le personnel du Temple de Salomon. Le pluriel hébreu de **LEVI** est **LEVIIM** (Ex. VI-25). Les **LÉVITES** et la caste des prêtres, les **COHANIM*** (pluriel de **COHEN***), constituent les deux tribus d'Israël qui existent encore de nos jours en tant qu'entités distinctes. Traditionnel-

L

lement et au sein du Rite Écossais, ce sont à un certain degré les membres de la loge.

LI BENEI EMETH: voir **ELAI BENEI EMETH.**

LIBAN: voir **LEVANON.**

LIBATION: du latin *libatio*, acte de *verser* ou de *répandre* (éventuellement de *boir*) un liquide en honneur d'une divinité. Se dit de "toasts" portés rituellement pendant certains repas qui sont traditionnels en Franc-Maçonnerie.

LITURGISTE: *celui qui organise les cérémonies.* Mot très tardif (milieu du 18e siècle); du grec *leitourgia*, *service public*, à travers le latin ecclésiastique *liturgia*, *service religieux.* Le maître des cérémonies à un certain degré.

LEVANON (lamed, beth, noun, vav, nun): nom du pays du Liban (Deut. 1-7); aussi *encens.* De **LAVAN*.**

L.S.A.A.C.D.X.Z.A.S.N.S.C.J.M.B.O.: dixit D.: Liban, Solomon, Abda, Adoniram, Cyrus, Darius, Xercès, Zorobabel, Ananias, Sidonias, Noé, Sem, Cham, Japheth, Moïse, Beseleel, Ooliab (sic). Delaulnaye en assume bien entendu l'entière responsabilité. Voir les mots ailleurs dans ce dictionnaire.

L.S.: Liban, Salomon.

LUX INENS AGIT NOS: latin; *la lumière intérieure nous fait agir.* Traditionnellement, *la lumière qui est en nous nous guide.* Anagramme de **SALIX NONIS TENGU*.**

LUX EX TENEBRIS: latin; *lumière à partir des ténèbres.* Devise qui est à rapprocher d'autres devises porteuses de ce type de symbole, comme par exemple **ORDO AB CHAO***, ayant toutes trait directement ou indirectement à la Génèse.

M

M: voir **MA-HABONEH**.

MA ou **MAH** (mem, hé): *qui, quoi* (Gén. XX-10). Aussi, troisième syllabe du mot **NEKAMAH***, dont les trois syllabes se prononcent séparément dans certains degrès.

MAC-BENAC: ne veut strictement rien dire, en quelque langue que ce soit. Version très déformée de **MA-HABONEH**, encore utilisée pourtant dans certains rites et obédiences.

MACCHABÉES: dérivé français du terme grec *makkabaios*, descendu à son tour de l'hébreu **MAKABI**, surnom de Yehoudah, le troisième et le plus connu des fils de Mattatiahou chef de la révolte des Macchabées (**MAKABIM***) contre les syro-hellènes qui occupaient la Terre Sainte.

MACHEM: déformation extrème de **NOKEM***.

MACHSCHIM: voir **MAKHSHIM**.

MACHOBIM: Selon V. cela s'écrirait (mem, kaph, aleph, vav, beth, iod, mem), qu'il traduit par *douleurs* et dont il donne le sens traditionnel comme étant: *c'est lui, il est mort!*. Peu convaincant. Voir plutôt **MAKHOVIN** ou **MAKABIM**.

MACMAHA RABABACK: quelques rituels traduisent cette "phrase" par *"Dieu soit loué, nous l'avons trouvé"*, mais en réalité cela ne veut strictement rien dire. Il se peut que ce soit une extrème déformation de **MAHA IMAHA RABACH***, phrase déjà incompréhensible, ou éventuellement de **BEA MA SHEHBAMEARAH***. Difficile à dire.

MAGACACIA: il y a bien sûr **ACACIA*** dedans, mais autrement ce mot n'a aucun sens.

MAHA IMAHA RABACH: pas de trace de cette phrase, qui ne veut pas dire grand-chose, dans les anciens rituels. Le premier mot (au cas où il s'agirait de mem, kheth, hé, Ex. XXII-32) pourrait signifier *détruisit, effaça*; ou, pour (mem, he), *qui, quoi* (Gén. XX-10). Le second, pour (iod, mem, kaph), veut dire *ta mère* (Gén. XXVII-29). Enfin, le troisième est totalement dénué de sens. Cette phrase assez confuse et incohérente pourrait être elle aussi une déformation de **BEA MA SHEHBAMEARAH***, ou éventuellement même une incantation tirée vers la fin du 17ᵉ siècle de l'un des innombrables grimoires compilés à partir du Sefer Raziel.

MAHABIN: voir **MAKABIM** ou **MAKHOVIN**.

MA-HABONEH (mem, hé, – hé, beth, noun, hé): *qui est l'architecte (ou le constructeur?)*. De **MA***, de l'article **HA** et de **BONEH**, architecte, constructeur (1 Rois V-18). Sans aucun doute il s'agit de la forme la

M

plus ancienne et la seule correcte du mot. D'origine compagnonique, le mot, dont l'hébreu est correct, apparaît dès 1760 dans "Les Trois Coups Distincts". Il est préconisé par le Tuileur de Lausanne. MAC-BENAC et MOHABON n'en sont que des déformations, sans doute tardives.

MAHARSUL: très probablement une déformation et contraction de **MAHER SHALAL HASH BAZ.**

MAHER SHALAL HASH BAZ (mem, hé, resh, – shin, lamed, lamed, – kheth, – shin, beth, zaïn): *hâte le butin, précipite-toi sur la proie.* C'est le nom curieux et emblématique qu'aurait porté l'un des fils d'Isaïe (Isa. VIII-1).

MAHUZEM: ne signifie rien en tant que tel. V., qui donne le mot, pense qu'il serait une déformation de **"MAHHSCHIM"** (ce qui serait tout à fait improbable étymologiquement) et le traduit par *hésitants.* En réalité **MAHHSCHIM** est parfaitement inexistant. Il est possible qu'en fin de compte **MAHUZEM** vienne de **MAKHOZIN*** ou même de **MAKHSIM*.**

MAHUZEN: voir **MAHUZEM.**

MAÏM (mem, iod, mem): *eau* (Gén. I-2). Second élément cité par la Bible, après la terre (Gén. I-1). Voir aussi **MEM,** dont la valeur nu-mérologique est 40 et dont le symbolisme est riche et varié, tout comme celui de **MAÏM.**

MAIAH (mem, iod, hé): *de Dieu.* Mot très rare et non biblique. Peut être dans ce cas un déformation de **MALAKH*.**

MAIN DE JUSTICE: emblème utilisé à un certain degré du REAA et représen-tant le pouvoir judiciaire. Amateurs de magie et de sorcellerie, ne pas confondre avec main de gloire.

MAKABI (mem, kaph, beth, iod): la source du mot est probablement **MAKAV** (mem, kaph, beth), *marteau.* En français il est devenu *Macchabée,* à travers le grec *Makkabos.* Surnom de Yehoudah, troisième et plus connu des fils de Mattatiahou et chef de la révolte des Macchabées (**MAKABIM***) contre les syro-hellènes qui occupaient la Terre Sainte (Antiochus Epiphanus, 168 a. l'E.V.) avaient profané le Temple re-construit par **ZERUBAVEL*** et qui y avaient interdit le culte tradi-tionnel. C'est d'ailleurs le miracle de la multiplication de l'huile consacrée, lors de la victoire des Macchabées, qui est célébrée par la fête juive du solstice d'hiver, Hannoucah.

MAKABIM (mem, kaph, beth, iod, mem): pluriel de **MAKABI*.**

MAKAH (mem, kaph, hé): *calamité, coup, plaie,* par exemple une des dix plaies d'Egypte (Lev. XXVI-21).

MAKHSIM (mem, kheth, samekh, iod, mem): forme plurielle de **MAKHSEH** (mem, kheth, samekh, hé), *refuge, abri* (Psa. XIV-6). De la façon dont **MAKHSIM** est utilisé dans les rituels, il se pourrait bien que ce soit une déformation de **MAKABIM**.

MAKHOVIN (mem, kaph, [vav], beth, iod, noun): le mot, araméen, est le pluriel de **MAKHOV**. Il apparaît une seule fois dans le Targoum avec le sens de *coussins*. De la façon dont il est utilisé dans divers rituels, ce terme est bien plus probablement une déformation de **MAKABIM**. Par contre le rite Émulation, qui emploie bien un coussin au cours d'une de ses cérémonies, serait justifié à utiliser ce mot.

MAKHOZIN (mem, kheth, vav, zaïn, iod, noun): *refuges* (ou *districts*) en araméen. C'est la forme plurielle de **MAKHOZ**. Tel que le mot est utilisé dans les rituels, il s'agit plus probablement d'une déformation de **MAKABIM**.

MAKOBIM: déformation de **MAKHOVIN*** ou, beaucoup plus probablement, de **MAKABIM***.

MALACHIAS: hellénisation de **MALAKHI***.

MALACHIE: francisation de **MALAKHI***.

MALAKH (mem, lamed, aleph, kaph): *ange, envoyé* (Gén. XVI-7).

MALAKHI (mem, lamed, aleph, kaph, iod): *mon envoyé, mon ange* ou *envoyé de Dieu, ange de Dieu*. Nom du dernier des douze "petits prophètes", vers 450 a.l'E.V. En réalité un prophète anonyme (Mal. I-1), car son patronyme fut tiré d'une phrase du livre biblique du même nom (Mal. III-1).

MALAKI: voir **MALAKHI**.

MALKUT: voir **MALKHUTH**.

MALKHUTH (mem, lamed, kaph, vav, tav): *royauté, royaume*. La dixième et dernière **SEPHIRA*** (Nomb. XXIV-7).

MANA (mem, noun, hé): *part, portion*. Voir aussi **MANNE, MÉNÉ** et **PARASH MANA SHEKEL**.

MANÉ, TEKEL, FARES: déformation courante de **MÉNÉ MÉNÉ TEKEL U PHARSIN***.

MANCHEM: déformation de **MENAKHEM***.

MANNE: du grec *manna* (Jean VI-31), traduction de l'hébreu **MAN** (mem, noun, Ex. XVI-15), *suc* ou *résine sucrée et nourrissante*. La nourriture que Dieu fournit aux hébreux pendant la traversée du désert. Symbolisme très évident.

M

MARDOCHAI: déformation de **MORDEKHAI***.

MARDOCHÉE: francisation de **MORDEKHAI***.

MASHIAKH (mem, shin, iod, kheth): *oint*; de **MASHAKH**, *oindre*. Se dit tout autant d'un grand prêtre que d'un roi ou du Messie. Lorsque le mot est utilisé par le REAA dans cette orthographe ou dans une orthographe semblable, il est difficile de dire s'il s'agit de Salomon, de Hiram roi de Tyr, de Hiram fils de la Veuve ou plutôt du **MESSIE** juif. Voir aussi ce dernier mot. S'il s'agit du Messie juif, c'est le Rédempteur de la Tradition mais surtout celui de la Kabala, le Rédempteur qui, une fois les dernières étincelles de la lumière divine récupérées dans la Création et parmi les Kelipoth par les Justes, scellera leur réunion avec **EIN SOF***.

MATHOK ou MATOK (mem, tav, vav, koph): *doux, sucré* (Jug. XIV-18). Voir **MOTHEK**.

MAVETH (mem, vav, tav): *mort, mourir* (Ezra VII-26). Autre prononciation de **MOTH*** ou **MUTH***.

M.B.: voir **MA HABONEH**.

ME'ARAH (mem, aïn, resh, hé): *grotte, caverne* (Gén. XIX-30).

MELEKH (mem, lamed, kaph): *roi* (Gén. XIV-1).

MELET (mem, lamed, tet): mortier. Voir **MIXTURE**.

MEM: soit la lettre (mem), soit (mem, mem); le nom de la 13e lettre de l'alphabet hébreu. Son sens hiéroglyphique est *eau*, comme **MAÏM***, qui en dérive. Sa valeur numérique est 40. C'est par excellence, bien entendu, un symbole féminin et aquatique mais aussi un symbole d'exil, d'errance, d'attente: les 40 jours de l'Arche de Noé, les 40 ans de la traversée du désert, les 40 jours de Jésus (dans le même désert sans doute), les 40 jours qui se sont écoulés entre la Résurrection et l'Ascension. Peut-être même les 40 jours qui séparent la mort et la réincarnation chez certains Bouddhistes.

MENACHEM: voir **MENAKHEM**.

MENAHEM: voir **MENAKHEM**.

MENAKHEM (mem, noun, kheth, mem): *consolateur* (2 Rois XV-14).

MENATSCHIM: déformation de **MENATSKHIM**.

MENATSKHIM (mem, noun, tsadik, kheth, iod, mem): pluriel de **MENATSEAKH** (mem, noun, tsadik, kheth), *chef, préfet, conducteur*. Les 3600 de la tradition maçonnique et compagnonique (2 Chr. II-18). La Bible dit 3300 dans 1 Rois V-16 et les appelle **HARODIM***.

MÉNÉ: mot grec qui veut dire *lune*. Aussi le premier mot de la phrase mystérieuse que les doigts d'une main invisible écrivirent sur le mur de la salle où se tenait le festin de **BELSHAZZAR**, et qui fut interprétée par **DANIEL***. Selon lui (Dan. VI-26) ce mot signifie *dénombré, divisé en portions*.

MÉNÉ MÉNÉ TEKEL U PHARSIN: la phrase mystérieuse que les doigts d'une main invisible écrivirent sur le plâtre du mur de la salle où avait lieu le festin de **BELSHAZZAR**. Cette phrase fut interprétée pour le roi par **DANIEL*** (Dan. VI-25). Voir aussi chaque mot individuellement.

MÉNÉS: voir **MÉNÉ**.

MESPHAR: déformation de **MISPAR***.

MERCURE: terme alchimique du 15e siècle, du latin *Mercurius*, le messager de Jupiter et porteur d'un **CADUCÉE***, c'est à dire d'un bâton d'héraut autour duquel s'enroulent deux serpents. Les symbolismes de Mercure le messager, du mercure-métal et du mercure des alchimistes sont un peu trop complexes pour être développés ici.

MESSIE: de *messias*, forme hellénisée de **MASHIAKH***. Contrairement à ce dernier mot et de par le degré spécifique où le mot est utilisé, il ne fait pas de doute qu'il s'agit bien de **JÉSUS***.

MÉTAL, MÉTAUX: le mot vient du grec *metallao, chercher, interroger*, à travers *metallon, mine* et le latin *metallum, mine* aussi. On a toujours cherché le métal, surtout le métal Roi. Mais les outils en fer etaient bannis de l'enceinte du **TEMPLE*** pendant sa construction et les pierres furent façonnées dans la carrière (1 Rois VI-7). Lorsque le REAA nous incite à abandonner les métaux à la porte du Temple, ces métaux représentent les préoccupations profanes, l'intolérance, le dogmatisme, la prétention, le mensonge, la vanité. Ce n'est pas toujours facile et certains n'y parviennent pas.

METATRON (mem, tet, tet, resh, vav, noun): traduction difficile. Si le nom est hébreu, il pourrait venir de **MATARA** (mem, tet, resh, aleph), *observateur*, ou (mem, tet, resh, hé), *but, cible*; de **METATOR** (mem, iod, tet, tet, vav, resh), hébreu d'origine grecque: *guide* ou *messager*. Sinon, il pourrait venir de mots grecs *meta* et *thronos* qui, ensemble, pouraient vouloir dire *présence derrière le Trône*. Le terme est apparu vers la fin du Ier ou le début du IIe siècle E.V. et désigne un ange, le *Prince de la Présence* (ou *du Visage*), qui se vit par la suite accorder une place très spéciale dans la doctrine de la Kabala en particulier et dans l'ésotérisme en général. **METATRON**

M

ne serait second qu'à Dieu seul. X dit *nom de l'intelligence qui préside aux métaux.* Figure ésotérique et philosophique extrêmement complexe, **METATRON** et les spéculations à son sujet remplissent des volumes de la littérature talmudique, kabalistique, néoplatonicienne et gnostique. Bonne chance aux courageux. Quant aux moins courageux, ils pourront lire utilement le chapitre 17 de l'ouvrage de Gershom Sholem sur la **KABALA*** et le livre de Haïm Zafrani intitulé "Kabala, Vie Mystique et Magie".

MICHAEL: voir **MIKHAEL.**

MICHEL: voir **MIKHAEL.**

MI CHAMICHAH BEALIM ADONAÏ: corruption de la phrase **MI KAMOKHA BA-ELIM ADONAÏ*.**

MIDI: du latin *medius, qui est au milieu* et *dies, jour.* En principe le Sud géographique, mais dans le REAA se dit, sans référence aucune à l'orientation réelle, du côté d'une Loge qui se trouve à droite de la porte lorsqu'on y pénétre.

MIKAEL: voir **MIKHAEL.**

MI KAMIKAH BEALIM ADONAÏ: corruption de la phrase **MI KAMOKHA BA-ELIM ADONAÏ*.**

MIKAMOKA BEALIM ADONAÏ: corruption de la phrase **MI KAMOKHA BA-ELIM ADONAÏ*.**

MI KAMOKHA BA-ELIM ADONAÏ (mem, iod, - khaf, mem, kaph, hé, - beth, aleph, lamed, mem, - aleph, daleth, noun, iod): *qui est comme Toi parmi les dieux, Seigneur?* Il est intéressant de remarquer que dans leur presque totalité, les rituels et les tuileurs évitent très soigneusement *parmi les dieux* lorsqu'ils traduisent **BA-ELIM**, alors que la Bible, dont la phrase est extraite (Ex. XV-11), est tout à fait claire et que les talmudistes et kabalistes n'en sont pas du tout gênés.

MIKHAEL (mem, iod, kaph, aleph, lamed): *qui est comme Dieu.* Nom de l'un des **KEROUVIM*** (Dan. X-13). V. le traduit de façon erronée par *pauvre de Dieu.*

MINISTRE D'ÉTAT: Nom de l'Orateur à certains degrés.

MI QA MOQAH BEALIM ADONAÏ: corruption de la phrase **MI KAMOKHA BA-ELIM ADONAÏ*.**

MISCHARIM (plutôt **MISHARIM**, mem, iod, shin, resh, iod, mem): *équité* (Psa. XVII-2).

MISCHKAN: voir **MISHKAN.**

MISCHOR (plutôt **MISHOR**, mem, iod, shin, vav, resh): *lieu nivelé, plaine* (Deut. III-10). Utilisé incorrectement à la place de **MISCHARIM*** dans certains degrés.

MISCHTAR (plutôt **MISHTAR**, mem, shin, tet, resh): *empire, régime, pouvoir suprême* (dans le sens politique). Très courant en hébreu moderne, le mot n'apparaît qu'une seule fois dans les Écritures (Job XXXVII-33). Il n'est pas exclu non plus que, dans son utilisation au Rite Écossais, **MISCHTAR** ne soit qu'une déformation de **MISCHOR**, de **MUSTAR** ou de **MISTORIN*.**

MISHKAN (mem, shin, kaph, noun): le mot signifie en réalité *demeure*, mais il est pratiquement toujours utilisé dans les Écritures au sens de **TABERNACLE*** (Ex. XXV-9), la tente qui abritait l'Arche de l'Alliance durant le périple dans le désert et même en Terre Promise, pendant les travaux de construction du Temple.

MISPAR (mem, samekh, pé, resh): *chiffre, écriture.* Selon la tradition et la Bible (Neh. VII-7), un de douze chefs du peuple lors du retour de Babylone.

MISTORIN (mem, samekh, tet, iod, resh, iod, noun): mot à double origine, hébraïque et grecque. Du grec *musterion, mystère*, et de l'hébreu **MUSTAR***

MITHREDAT: voir **MITHRIDATES.**

MITHRIDATES: nom perse d'origine grecque signifiant *don de Mithra* et mentionné dans la Bible sous sa forme hébraïque **MITHREDAT** (mem, tav, resh, daleth, tav). Il ne s'agit pas du tout, comme on pourrait le croire, du roi parthe qui s'était rendu insensible aux poisons en en consommant tous les jours de faibles quantités mais du trésorier de Cyrus, qui fut chargé de restituer à Sheshbazzar les outils et ustensiles pris dans le Temple (Ezra I-8) lors de la destruction de celui-ci par **NEBOUKHADNETSAR*.**

MIXTION: terme du 13ᵉ siècle. Du latin *mixtio, mélange.* Mélange de certains produits alimentaires représentant le mortier à un certain degré. Vient sans le moindre doute d'une très ancienne tradition juive.

MIXTURE: voir **MIXTION.**

MOAB: plutôt **MOAV*.**

MOABON: voir **MOHABON.**

M

MOAV (mem, vav, aleph, beth): *du père*; aussi le pays du même nom.

MOHABON (mem, vav, aleph, beth, noun): un diminutif de MOAV*. MOHABON était le fils né de l'inceste de la fille aînée de Loth avec son père (Gén. XIX-36). Dans son utilisation en tant que mot sacré, possible, mais il s'agit plus probablement d'une distorsion de MA HABONEH*, le mot donné par le Tuileur du Convent de Lausanne. Une interprétation très répandue du mot (mais sans aucune relation avec son sens réel) est *la chair quitte les os*. Dans la tradition de certains degrés, il s'agirait du nom du "*plus zélé des Maîtres de son temps, ami d'*HIRAM ABI*".

MOÏSE: une déformation de l'hébreu MOSHEH (mem, shin, hé, Ex. II-10), ou de l'égyptien MOSÉ. Si le nom est d'origine hébraïque, il veut dire *tiré, retiré*. S'il est égyptien il signifie *fils*, comme dans Ptahmosé, *fils de Ptah* (Ptah était le nom originel de l'Égypte) (LH). L'explication courante donnée à ce nom, *tiré des eaux*, a par ailleurs une relation directe avec divers symboles dont celui de la naissance. Premier législateur du peuple juif d'abord et du monde monothéiste par la suite, MOÏSE naquit et fut élevé dans les circonstances très particulières décrites dans l'Exode. Il mourut sur le mont NEBO, d'où il put voir la Terre Promise, mais sans pouvoir y pénétrer. Le lieu de sa sépulture, s'il existe, reste toujours inconnu. Bien que sa réalité historique n'ait jamais été établie, contrairement aux Patriarches par exemple, MOÏSE serait quand même le personnage le mieux caractérisé de l'Ancien Testament si celui-ci était une oeuvre littéraire.

MOLAY: voir JACQUES DE MOLAY.

MOLOCH: de l'hébreu MELEKH*, *roi*. Dieu ancien du Proche Orient, dont le culte était célébré à TOPHET*. En dépit de très anciennes légendes et même des prophètes de la Bible, il reste extrêmement improbable qu'on lui ait jamais sacrifié des enfants. Il reste toutefois un des emblèmes préférés du Mal dans les traditions judéo-chrétiennes et maçonniques.

MONT LIBAN: lieu d'origine des cèdres qui servirent à la construction du Temple de Salomon. En hébreu c'est HAR LEVANON (hé, resh, – lamed, beth, nun, vav, nun, Jug. III-3). Voir aussi LAVAN, *blanc* ou *encens*, et LEVANON. Sans aucun doute ce nom vient du fait que le mont Liban soit couvert de neiges éternelles, chose totalement inconnue ailleurs dans la région. Selon V. ce serait un ancien mot, actuellement remplacé par ACACIA*. Tout à fait douteux à la lumière des connaissances actuelles.

MONT MORIAH: colline non identifiée, à trois jours de marche de Beersheba et visible de loin (Gén. XXII-4), sur laquelle Abraham reçut l'ordre de sacrifier Isaac. La tradition, Flavius Josephus, même une phrase de la Bible (2 Chr. III-1) l'assimilent à la colline sur laquelle Salomon fit bâtir le Temple. Tout ceci est très satisfaisant du point de vue spirituel et symbolique, mais pas du tout du point de vue pratique. En effet, le Mont du Temple, qui se trouve être une colline assez basse, totalement cachée par des hautes montagnes environnantes, n'est certainement pas visible de loin. Quant à ceux qui voudraient aller à pied en trois jours de Beersheba à Jérusalem, c'est à dire quelque 180 Km. dans la montagne et les rochers par les pistes des chameliers, on ne peut que leur souhaiter bien du plaisir. Voir aussi **MORIAH**.

MONT SINAÏ: voir **SINAÏ**.

MORDEKHAÏ (mem, resh, daleth, kaph, iod): de *Marduk* (Baal-Marduk, qui était le dieu principal de Babylone). Nom d'un Benjaminite, cousin d'Esther, épouse du roi Assuérus (Esth. II-5), héroïne de la légende bien connue qui se trouve à l'origine de la fête de Pourim. Il est très probable que cette légende, extrêmement ancienne, ait une base dans la réalité historique. D. traduit fautivement par *contrition amère*. Selon la tradition, un des douze chefs du peuple lors du retour de Babylone.

MORIAH (mem, vav, resh, iod, hé): *Dieu pourvoit* (Gén. XXII-2). Le mot a été traduit de façons diverses: *amertume de Dieu* pour divers tuileurs et pour X; *montagne de myrrhe* pour les Talmudistes; enfin la Septaginta avait fourni une autre explication en traduisant Moriah par Amoria (pays des Amorim). Lieu non identifié géographiquement non plus. C'est l'endroit où Abraham aurait reçu l'ordre de sacrifier Isaac et où eut lieu sa lutte avec l'ange envoyé par l'Éternel. Voir aussi **MONT MORIAH**.

MORPHY: ce mot est tellement déformé qu'il est impossible d'en deviner l'origine. Bien sûr, il pourrait s'agir du nom irlandais ou écossais, mais aucune explication de ce genre ne me semble justifiable. Aucune n'existe non plus dans les textes. Selon une tradition, ce serait le nom du surveillant des ouvriers de la tribu d'Ephraïm. Il se peut aussi que le nom ait purement et simplement été inventé au 18e siècle, ou extrait du Sepher Raziel cher aux occultistes. Bien entendu, il n'existe pas d'équivalent biblique de ce personnage, dont la présence dans le REAA est injustifiée.

MORTIER: voir **MIXTURE**.

MOSAÏQUE (PAVÉ -): de l'italien *mosaico*. Vient du grec *mouseios, qui concerne les Muses*, à travers le latin classique *museus* et le latin médiéval *musaicum*. En ce qui nous concerne, nous n'avons aucune preuve de l'existence réelle de ce pavé, fait de carrés et parfois de triangles noirs et blancs qui, selon la légende (et la tradition) maçonnique, aurait existé dans le Temple de Jérusalem. Ce qui ne l'empêche pas de très bien exister ailleurs.

M

MOSHEH: forme hébraïque de **MOÏSE***.

MOT (**-S**): du latin populaire *mottum,* dérivé du bas latin *muttum, son émis.*
En Maçonnerie, les **MOTS** permettent aux frères de se reconnaître entre
eux à chaque degré. En effet, chacun des 33 degrés du REAA possède,
en dehors de ses **SIGNES*** et **ATTOUCHEMENTS***, ses **MOTS** propres, qu'ils
soient sacrés ou de passe. Cette tradition extrêmement ancienne, qui
est aussi celle du Compagnonage, rend toute imposture très difficile
pour un **PROFANE***.

MOTECH: voir **MOTHEK**.

MOTHEK (plutôt **MOTEK**, mem, tav, koph): *douceur sucrée* (Jug. IX-11). Voir
aussi **MATHOK**.

MOTH ou **MUTH** (mem, vav, tav): *mort, mourir* (Ezra VII-26). Nom du dieu
cananéen de la sécheresse. Voir **MAVETH**.

MUSTAR (mem, samech, tav, resh): *secret, caché.* De **SATAR** (samech, tav,
resh), *être caché.*

N

N.A.: initiales de **NEKAM ADONAI***.

NABUCHODONOSSOR: forme hellénisée de l'akkadien *Nabu-kudurri-uçur.* Voir **NEBOUKHADNETSAR.**

NABUZARDAN: voir **NEBOUZARADAN.**

NAHAMANI (noun, hé, mem, noun, iod): *consolateur.* C'est un des chefs de l'exil Babylonien qui rentrèrent avec **ZERUBAVEL*** à Jérusalem. (Neh. VII-7). Voir **NAKHUM** qui a le même sens, en notant l'orthographe différente.

NACHAMANI: voir **NAHAMANI.**

NACHUM: ancienne écriture phonétique de **NAKHUM**, devenue incorrecte à notre époque.

NADIR: de l'arabe *nadîr, opposé.* Point se trouvant à l'opposé du **ZENITH***. donc à une distance infinie vers le "bas" par rapport à l'endroit où on se trouve, dans la prolongation d'un fil à plomb. Utilisé dans le symbolisme maçonnique pour définir les dimensions de la Loge ainsi que celles de l'Univers.

NAKHASH (noun, kheth, shin): *serpent.* Reptile riche de symbolismes divers et souvent rencontré dans le REAA. Voir aussi **NEKHUSHTAN** et **OUROBOROS**. En ce qui nous concerne, soit le *Serpent de la Genèse* (Gén. III-1), soit le *Serpent de Feu*, **SARAPH** (sin, resh, pé, Num. XXI-8), appelé dans le verset suivant (Num. XXI-9) *d'Airain* ou plutôt *de Cuivre*, **NEKHOSHETH** (noun, kheth, shin, tav). Soit, enfin, le serpent qui mue et abandonne sa vieille enveloppe et qui, après une période de latence, de léthargie, semble ressusciter dans sa peau neuve et chatoyante, symbole s'il en est de mort et de résurrection. La corrélation entre **NAKHASH** et **NEKHOSHETH** saute aux yeux mais n'est pas facile à expliquer. Il se peut qu'elle soit due au fait que les veines de minérai de cuivre, dans le désert du Néguev, ont l'aspect de serpents verts. La région de ces mines, dites du Roi Salomon quoique exploitées bien avant, est par ailleurs infestée de serpents.

NAKHUM (noun, kheth, vav, mem): *consolateur.* Prophéte tardif, né à Elkosh en Galilée (Nah. I-1). Il s'attaqua surtout à Ninive.

NE: première syllabe du mot **NEKAMAH***, dont les trois syllabes se prononcent séparément dans certains degrés.

NEBOUKHADNETSAR (noun, beth, [vav], caph, daleth, noun, [aleph], tsadik, resh): la forme hébraïsée de l'akkadien *Nabu-kudurri-uçur, Nabu, protège ce fils*; D. traduit ce nom avec beaucoup d'imagination par *gémissement du jugement de misère.* Faux, bien entendu. Fils de

Nabopolassar et Roi de Babylone, il vainquit le pharaon Néko à Karkémish, il envahit le royaume de Juda, captura son roi Jéhoïakim et détruisit **JÉRUSALEM*** (dont il exila la majorité des habitants à Babylone), ainsi que le **TEMPLE*** de **SHELOMO***. Il érigea une idole d'or dans la plaine de Dura, jeta trois jeunes hommes, amis de **DANIEL***, dans un fourneau ardent, eut un rêve que le même Daniel expliqua. Il fut sauvé et adora Dieu (2 Rois XXIV-1).

NEBOUZARADAN (noun, beth, vav, zaïn, resh, aleph, daleth, noun): forme hébraïsée de l'akkadien *Nabu-zer-iddin*, *Nabu donne une postérité*; D. traduit, toujours avec beaucoup d'imagination, par *prophétie du jugement étranger*. Le nom du capitaine de la garde de **NEBOUKHAD-NETSAR*** qui, après avoir participé à la conquête et et à la destruction de Jérusalem, avait pillé le Temple de Salomon. Ensuite, il y séjourna pendant quelque temps avec la garde (2 Rois XXV-8). Son nom est mentionné par V., avec l'habituelle référence biblique incorrecte.

NECHAH: voir **NEKAH**.

NECHUSTHAN: orthographe fausse de **NEKHUSHTAN*** donnée par D.

NEC PRODITOR, NEC PRODITUR, INNOCENS FERET: latin et assez dificile à traduire. La traduction officielle du SCDF, due à E.G., est *ni traître ni trahi, mais innocent il supporte*. S'agirait-il de **JACQUES DE MOLAY***? Ce n'est pas totalement satisfaisant. *Proditor* et *proditur* viennent du verbe *prodo*, trahïr, mais aussi livrer, transmettre. *Feret* vient de *fero*, un verbe aux multiples sens: supporter, présenter, porter, mais aussi obtenir et diriger. D'autres traductions possibles sont à envisager. D. dit **NEC PRODITOR, NEC PRODITUR, INNOCENS FOVET**; *fovet*, de *fovere*, signife *se réchauffe, se blottit, choye, encourage*.

NECUM: orthographe incorrecte de **NEKAM**.

NECUM ADONAÏ: voir **NEKAM ADONAÏ**.

NECUM BAELIM: déformation de **NEKAMAH BEALIM ADONAÏ***.

NECUM NECAR: déformation de **NEKAM NEKAH**. Voir les deux mots.

NEDER (noun, daleth, resh): *serment, voeu* (Gén. XXVIII-20).

NEEMAN (noun, aleph, mem, noun): *fidèle* (Num. XII-7).

NEHEMIAH: orthographe incorrecte de **NEKHEMIAH**.

NEHEMIAS: forme hellénisée de **NEKHEMIAH***.

N

NÉHÉMIE: francisation de **NEKHEMIAH***.

NEKA ou **NEKE** (noun, kaph, aleph): *propre, pur. innocent* (Dan VII-9). CG dit que le mot aurait aussi un sens de *vide*.

NEKAH (noun, kaph, hé): *blessure* (2 Rois VIII-28). MBC pense aussi à une simple déformation de **NEKAM***.

NEKAIN: sans doute une déformation de **NEKAM***.

NEKAM (noun, koph, mem): *se venger, vengeance* (Deut. XXXII-35).

NEKAM ADONAÏ: *Vengeance de Dieu.* Voir les deux mots.

NEKAMA ou **NEKAMAH** (noun, koph, mem, hé): *vengeance* (Jug. XI-36). Dans certains degrés, les trois syllabes de ce mot peuvent se prononcer séparément.

NEKAMAH BAALIM ou **BAELIM** ou **BEALIM:** Voir **NEKAMAH**. Quant à **BAALIM** ou **BAELIM** ou **BEALIM**, selon l'orthographe, c'est *idoles*, ou *maîtres*, ou *sur les dieux*, ou ou *sur ceux d'en haut*, ou *des branches* (ou *feuilles*). La version la plus vraisemblable est **NEKAMAH BAELIM**, *vengeance sur les idoles.*

NEKAMAH BEALIM ADONAÏ: Voir les mots. Selon V., *vengeance sur les traîtres, Seigneur*, possible. Je préfère traduire **BEALIM** par *les puissants* (voir ci-dessus). La phrase, qui n'est pas biblique, a dû être composée ad hoc, vers le milieu du 18ᵉ siècle, par un hébraïsant approximatif.

NEKAMATHA BEALIM ADONAÏ: comme la phrase précédente, sauf pour le premier mot qui a la forme possesive, 2ᵉ personne Donc, *TA vengeance sur les puissants, Seigneur.*

NEKAMATHA BENGALIM ADONAÏ: déformation de **NEKAMATHA BEALIM ADONAÏ*** donnée par V.

NEKAM MAKAH: voir les deux mots individuellement. Malgré les explications de divers tuileurs (V. le traduit, page 224 et de façon incorrecte, *pour la vengeance*), ce n'est pas une phrase mais une juxtaposition de deux substantifs.

NEKAM MAQQHAH: orthographe bizarre de **NEKAM MAKAH***.

NEKHEMIAH (noun, kheth, mem, iod, hé): *Dieu est reconfort.* Nom de trois personnes citées dans la Bible. Celui qui nous intéresse particulièrement est le héros du livre de Néhémie (Neh. I-1). Il obtint d'**ARTAXERXES*** que les travaux de réfection des murs de Jérusalem, que celui-ci avait fait suspendre, soient repris (et même que les

N

moyens financiers nécessaires soient fournis par le roi). Il obtint aussi d'être envoyé à Jérusalem en qualité de gouverneur du pays (**HA-TIRSHATHA***) et il le resta longtemps. Toute son époque fut pour Israël un temps de renaissance et de reconstruction économique, religieuse, spirituelle, culturelle et architecturale. Selon la tradition maçonnique, **NEKHEMIAH** était le nom de l'un des douze chefs du peuple lors du retour de Babylone.

NEKHUSHTAN (noun, kheth, shin, tav, noun): *espèce de serpent de cuivre.* Il s'agit d'une appellation méprisante donnée par **HIZKIAH*** (Hézékiah) au **SERPENT*** de cuivre qui avait été fabriqué par Moïse dans le désert, lorsqu'il le brisa parce que nombre de gens commençaient à l'adorer comme une idole (2 Rois XVII-4). Cette action de **HIZKIAH** a une forte charge symbolique, lorsqu'on y pense. Quant au serpent de cuivre, il est toujours représenté enroulé en **S** sur un support (en bois?) en forme de **T**.

NETSAH: écriture phonétique erronée de **NETSAKH***.

NETSAKH (noun, tsadik, kheth): *victoire, gloire, splendeur.* La septième **SEPHIRA*** (1 Chr. XXIX-11).

NICA MACA: déformation de **NEKAM MAKAH***.

NIKHAH (noun, kaph, aleph, hé): *abattu, affligé.* V. dit *humilié*, ce qui est faux. Terme tardif, absent du texte biblique.

NIMROD (noun, mem, resh, [vav], daleth): *fort, vaillant.* Nom du "grand chasseur devant l'Éternel" (Gén. X-9), petit-fils de Kush, fils de **HAM***, fondateur mythique de **BABYLONE***.

N.K.M.K.: les deux premières lettres **hébraïques** (noun, koph, mem, kaph) de chacun des mots **NEKAM*** et **MAKAH***.

N.M.: **NEKAM MAKAH***.

N.N.D.: Non Nobis Domine, en latin *pas pour nous, Seigneur.* Le début de la devise de l'Ordre des Pauvres Chevaliers du Christ et du Temple de Salomon (*pauperes commilitones Christi templique Salomonici*), autrement connu sous le nom d'Ordre **TEMPLIER***.

NOACH: ancienne écriture phonétique de **NOAKH**, devenue incorrecte à notre époque.

NOAKH (noun, kheth): *repos.* Nom du personnage biblique (Gén. V-29), fils de **LEMEKH** et père de **SHEM**, **KHAM** et **YEPHET** (voir ces noms), constructeur de l'**ARCHE*** et héros du récit du Déluge. Noakh est honoré par la Franc-Maçonnerie en tant que "premier Patriarche, ce qu'il fut bien avant l'apparition de toute religion révélée". Constructeur de l'Arche, il fut donc aussi le premier architecte naval et l'ancêtre de la Franc-Maçonnerie (et du Compagnonage) du bois. Voir aussi le mot **NOACHITE** ci-dessous.

NOACHITE: de la descendance de **NOAKH***; se prononce "Noaquite". Terme utilisé pour identifier les membres de certains degrés du R.E.A.A et parfois la Franc-Maçonnerie en général. D'ailleurs James Anderson dit, dans la Charge N°1 des Old Charges (édition de 1738; cette expression n'existait pas encore dans celles de 1723): *"A Mason is obliged by his Tenure to observe the Moral Law, as a true Noachida..."*; c'est à dire "Un Maçon est obligé par son Appartenance d'observer la Loi Morale, comme un vrai Noachite...".

NOÉ: voir **NOAKH**.

NOÉ BETSELEEL TSIDONI: ce n'est pas du tout une phrase, juste un enchaînement de deux noms propres et d'une nationalité. Voir chacun individuellement.

NOIZON: le nom est tellement déformé qu'il est impossible d'en deviner l'origine. Selon une tradition, le surveillant des ouvriers de la tribu de Zébulon. Bien entendu, il n'existe pas d'équivalent biblique de ce personnage.

NOKEM (noun, koph, mem): *vengeur* (Psa. VIII-2). Voir **NEKAM**.

NONIS: acronyme d'un groupe de mots spécifiques à un certain degré. Les anciens textes donnaient **NONI**, car le **S** appartiendrait à un mot précédant **NONI** dans le rituel mais le suivant dans l'ennéagone. Voir **SALIX NONI TENGU**.

N.S.C.J.M.B.O.: acronyme d'un groupe de mots spécifiques à un certain degré. Ces mots seraient, selon V.: **NOÉ***, **SEM***, **CHAM***, **JAPHET***, **MOISE***, **BESELEEL*** et **OOLIAB***. Pourquoi ces mots? Pourquoi dans cet ordre? Je ne le sais pas. Là aussi, il y a certainement plus que ce que V. n'en pense.

NORD: le point cardinal. Terme très rarement utilisé au REAA, où on lui préfère **SEPTENTRION***.

O

'OBED: écriture phonétique incorrecte de **'OVED.**

OBEDEDDON: il s'agit d'un mot très déformé donné par D. Eventuellement **AVADON***, **'OVED ADON** ou plutôt **'OVED EDOM***. Douteux dans tous les cas de figure.

OCCIDENT: mot dérivé du latin *occidens, tombant.* A l'origine, traduction de l'hébreu biblique **MA'ARAV**, *côté du soir.* En principe l'Ouest géographique, mais dans le cadre du REAA se dit, sans référence aucune à l'orientation réelle, du côté d'une Loge qui se trouve derrière soi lorsqu'on vient d'y pénétrer. L'Occident a une importance symbolique particulière au sein du REAA, qui se considère issu de l'union des traditions initiatiques Occidentales et Orientales.

OEUVRE: mot français très ancien (12ᵉ siècle). Du latin *opera,* pluriel de *opus, operis:* *travail, soin, attention, peine.* En ce qui nous concerne, il s'agit du travail que tout Franc-Maçon doit faire sur lui-même, ainsi que du travail alchimique. La **KABALA*** utilise le mot hébreu correspondant pour *Création.* Des liens très étroits et évidents existent entre les trois.

OHEB ELOAH: ancienne écriture phonétique de **OHEV ELOAH**, devenue incorrecte à notre époque.

OHEB KEROBO: ancienne écriture phonétique de **OHEV KEROVO**, devenue incorrecte à notre époque.

OHEV ELOAH (aleph, hé, beth, – aleph, lamed, vav, hé): *aime Dieu, aimant Dieu.* Ce mot est probablement une re-traduction en hébreu du grec *philotheos* (2 Ti. III–4).

OHEV KEROVO (aleph, hé, beth, – koph, resh, beth, vav): *aime son prochain, aimant son prochain.* Il s'agit sans doute d'une re-traduction en hébreu du grec *philadelphos* (1 Pe. III–8).

OHOLIAV (aleph, hé, lamed, iod, aleph, beth): *la Tente de mon Père.* C'est le nom d'un artisan qui fut associé à **BETSALEL*** lors de la construction du Sanctuaire du Temple, à Jérusalem, et pour la fabrication des divers objets du culte, surtout ceux de nature textile tels que les tentures, voiles, etc. (Ex. XXXI–6).

OLIAB: déformation d'**OHOLIAV***.

OMAN (aleph, mem, noun): *habile ouvrier, artiste, expert.* Une forme tardive de **AMAN***.

OMNIA TEMPUS ALIT: latin; *le temps nourrit tout.*

ONAM (aleph, vav, noun, mem): *force* (Gén. XXXVI–23).

O

'**ONI'AM** (aïn, noun, iod, aïn, mem): *pauvreté du peuple.* Non biblique. Voir aussi **ONAM**. Il se peut que ces deux termes aient été interchangés parfois dans les rituels à cause de leur similitude.

OOLIAB: voir **OHOLIAV**.

OPUS MAGNUM: du latin. Le **GRAND OEUVRE*** dans son sens alchimique. Voir aussi **OEUVRE**, ci-dessus.

OPÉRATIF: contrairement à **SPÉCULATIF***, c'est un terme Maçonnique pur qui nous vient de l'anglais. Dans cette langue il vient du latin *operari, travailler,* de *opus, operis, ouvrage.* Se dit de ceux qui étaient dans les loges parce qu'ils étaient bâtisseurs, ainsi que de leurs prédécesseurs et bons cousins compagnons.

OR (aleph, [vav], resh): *lumière* (Gén. I-3). En tant que verbe, *briller, luire, allumer* (Psa. XVIII-28).

'**OR** (aïn, vav, resh): *peau* (animale ou humaine), *cuir* (Gén. III-21). Une vieille et tenace erreur, souvent intentionnelle surtout chez certains talmudistes, tend à confondre **OR** et '**OR** (particulièrement dans la Genèse, là où il s'agit des vêtements d'Adam et d'Eve) pour en tirer maintes spéculations symboliques et philosophiques. Ce n'est pas forcément un mal, la chose s'y prête et la prononciation est parfois très importante dans l'étude de la Loi.

ORIENT: du latin *oriens, levant,* participe présent de *oriri, surgir, se lever.* A l'origine traduction de l'hébreu biblique **MIZRAKH**, même sens. *Lieu, endroit,* dans le langage de la maçonnerie salomonienne. Côté de la Loge à l'opposé de l'entrée, quelle que soit sa relation réelle avec l'Est géographique. L'Orient a une importance symbolique particulière au sein du REAA, lequel se considère issu d'une union des traditions initiatiques Occidentales et Orientales. Mot utilisé à certains degrés pour donner la position géographique de la Loge, tout comme **ZÉNITH***, **VALLÉE*** et **CAMP*** à d'autres degrés.

ORIENT ÉTERNEL: l'Au-Delà.

ORIENTATION: de **ORIENT***. Positionnement pratique des édifices sacrés (et positionnement théorique des Loges) par rapport aux quatre points cardinaux, au **ZÉNITH*** et au **NADIR***. Ce positionnement revêt une grande importance symbolique.

ORDO AB CHAO: latin. Traduit couramment par *l'Ordre à partir du Chaos,* quoique une traduction plus exacte serait *l'Ordre par le Chaos.* Devise du Rite Ecossais Ancien et Accepté et plus particulièrement des degrés **ROUGES***. Cette devise adoptée en 1801 se justifie historiquement. Comme le dit Daniel Ligou dans son remarquable dictionnaire, "la création définitive du REAA ayant mis fin à l'incommensurable chaos des grades écossais du 18ᵉ siècle". Son origine exacte, pour une fois non empruntée aux ordres chevaleresques, est obscure. Il se pourrait qu'elle vienne de la **KABALA***, qui considère le Dieu parfait, **EIN SOF***, comme perceptible par l'homme uniquement en tant que Aïn ou Afissa, le néant, le chaos, donc la Création comme s'étant faite par (ou à partir) du chaos.

OSÉE: francisation de **HOSHÉ'A***; probablement en ce qui nous concerne une déformation de **HOSCHÉE*** ou de **HOUZÉ***, éventuellement de **HUZZA*** ou de **'UZZA**. Très employé comme acclamation dans le REAA (ainsi que dans d'autres rites).

OSEB ELOA: forte déformation de **OHEV ELOAH***.

OSEB SCHARABEL: déformation extrême de **OHEV KEROVO***.

OTERFUT ou **OTERFURT**: le mot est tellement déformé que son origine me paraît pour le moment impossible à trouver. Selon un certain nombre de légendes et de traditions, l'un des trois meurtriers.

OUEST: le point cardinal. Terme très rarement utilisé au REAA, où on lui préfère **OCCIDENT***.

OUMAN (aleph, mem, noun): *habile ouvrier, artiste, expert.* Une forme tardive de **AMAN***.

OUR: voir **OR**.

OURIEL (aleph, vav, resh, iod, aleph, lamed): *Dieu est ma lumière* (ou *mon feu*). C'est surtout le nom de l'un des **KEROUVIM***, mais il n'est pas cité en tant que tel dans la Bible elle-même. C'est aussi le nom de l'un des lévites qui furent responsables du Tabernacle et qui, par la suite, sur les ordres du roi David (1 Chr. XV-11), le transportèrent avec l'Arche à Jérusalem.

OURIM (aleph, vav, resh, iod, mem): *lumières* (Ex. XXVII-30). L'un des noms donnés plus tard aux **SEPHIROT***. Aussi, nom donné à des élements de l'**EPHOD***. Voir plus bas **OURIM VE'TOUMIM**.

OURIM VE'TOUMIM: des élements très mal définis de l'**EPHOD***, le pectoral du Grand Prêtre. Ceci fit qu'on put longuement spéculer sur leur aspect exact, leur rôle et leur symbolisme. La **KABALA*** en particulier s'en occupa beaucoup et nombre de livres furent écrits à leur sujet. Voir **OURIM** ci-dessus. **TOUMIM** (tav, mem, iod, mem) veut dire quant à lui *perfections* (Ex. XXVIII-30). Il s'agissait, apparemment, de certaines "figures" symboliques gravées dans le pectoral. Les **OURIM**, autant que les **TOUMIM**, avaient sans doute une fonction oraculaire. Les innombrables théories selon lesquelles l'**EPHOD** et ses accessoires étaient des moyens de communication avec des extra-terrestres sont bien amusantes mais devraient être mises en veilleuse, en attendant une preuve.

OUROBOROS: adjectif grec; de *oura*, queue et *boros*, vorace. A l'origine *ophis ou erpeton ouroboros*, *serpent* ou *ver se mordant la queue.* Est surtout représenté disposé en cercle. Symbole très ancien et très répandu, utilisé par de nombreuses traditions en dehors du REAA. Symbolise, pêle-mêle et suivant le cas et la tradition: le cycle des saisons, éternel recommencement du monde et de la nature, l'unité de l'Univers, le serpent chtonien décrivant le cercle de la voûte céleste, la ren-contre des opposés, l'oeuvre se nourrissant de sa propre matière, et ainsi de suite...

'OVED (aïn, beth, daleth): *serviteur, ouvrier, fidèle d'un culte*; de **'AVODAH** (aïn, beth, daleth, hé), *service, travail, culte* (Gén. XIX-27). Voir **'EVED** (une orthographe identique, une prononciation différente et un sens différent).

'OVED ADON: *serviteur d'un maître, serviteur d'un seigneur, serviteur du Seigneur.* Voir les deux mots.

'OVED EDOM: *serviteur d'Edom.* D., qui donne cette phrase, la traduit incorrectement par *serviteur de l'Homme* (en confondant **EDOM** et **ADAM**). Voir les deux mots.

PA'AL (pé, aïn, lamed): *fit, agit, travailla, accomplit* (Nomb. XXIII-23). Est aussi utilisé dans le sens d'*adora*.

PA'AL KOL (pé, aïn, lamed, – kaph, lamed): *il accomplit tout.* Voir aussi les deux mots individuellement. V. donne comme traduction (p. 224) *séparés*, ce qui est inexact.

PAKHAD (pé, kheth, daleth): *peur, révérence, crainte, crainte respectueuse* (Deut. XXVIII-66). C'est un autre nom de la quatrième **SEPHIRA*** et donc, par définition, un Nom Divin. Voir aussi **DIN** et **GUÉVOURAH**. Certains rituels la donnent, fautivement, comme étant la cinquième Sephira et la traduisent, tout aussi fautivement, par *punition* ou *châtiment*.

PANTACLE: voir **PENTACLE**.

PARAS: voir **PERES** et **PARASH**.

PARASH (pé, resh, shin): *étala, expliqua, éclaircit, révéla, divisa, coupa, trancha, se sépara* (Prov. XIII-16). A noter que toutes ces traductions, d'apparence tout à fait disparate, ont néanmoins un sens de *démontage*, d'*analyse*, de *dépliage*, d'*explication* qui leur est commun à toutes.

PARASH KOL (pé, resh, shin, – kaph, lamed): Il *étala (expliqua? révéla? sépara? divisa?)* – *tout.* Je tends personnellement vers *Il révéla tout.* Voir aussi les deux mots individuellement. V. donne comme traduction (p. 224) *réunis*, ce qui est plus qu'inexact car contradictoire par rapport au sens réel.

PARASH MANA SHEKEL (ou **SHAKAL**): déformation de **PERES MÉNÉ TEKEL***. Reste néanmoins une interprétation plausible (*Il divisa en portions pesées*) des mots de la phrase que, selon la Bible, un doigt invisible écrivit sur le plâtre du mur de la salle où se tenait le festin de **BELSHAZZAR***, phrase que **DANIEL*** interpréta à la demande de ce dernier (Dan. VI-26).

PAROLE PERDUE: c'est le nom donné à l'ancien mot sacré des Maîtres, perdu dans la Maçonnerie Bleue mais peut-être bien retrouvé ailleurs. La recherche de cette parole perdue, dans toutes ses interprétations symboliques, constitue le but principal de la Franc-Maçonnerie en général et du REAA en particulier.

PARSIN (pé, resh, samekh, iod, noun): en principe, la forme plurielle du mot **PARSI** en araméen. Signifie *Perses*, mais **DANIEL*** (Dan. VI-28) l'assimile à **PARASH*** dans son interprétation de la fameuse phrase **MÉNÉ MÉNÉ TEKEL U-PHARSIN***.

P

PARTIES IMPURES: les parties de l'**AGNEAU*** Pascal, enlevées et brûlées lors de la cérémonie du même nom. Il n'existe pas de justification ni de précédent biblique à cet épisode particulier de la cérémonie traditionnelle; toute cette histoire doit être une invention assez tardive, à moins qu'elle ne fasse une référence assez indirecte et compliquée aux paroles du prophète Isaïe (Isa. XLIV). Celui-ci parle de ce morceau d'un arbre dont on ferait une idole et qu'il faudrait brûler. Voir aussi **SACRIFICE**.

PASSÉ MAÎTRE: Voir **PAST MASTER**.

PAST MASTER: anglais, *Passé Maître.* Utilisé dans le sens d'Ancien ou de Passé Vénérable, dans un degré disparu du Rite Écossais Ancien et Accepté tel qu'il se pratique à la GLdF, mais encore pratiqué dans le REAA de certaines obédiences et dans certains autres rites aussi, comme le rite Émulation.

PATHMOS (L'INITIÉ DE–): voir **SAINT JEAN***.

PAULCAL PHARASCAL: une distorsion assez évidente de **PA'AL–KOL*** et de **PARASH–KOL** donnée par D.

PAVÉ: voir **MOSAÏQUE**.

PAX: latin; *paix.*

PAX PROFUNDA ou **PAX PROFUNDI:** latin; c'est en définitive une question de déclinaison; *paix profonde.* Se rencontre pour la première fois vers 1765 (Vendôme CGMS) et d'une manière isolée par rapport à huit autres rituels de la même époque. Réapparaît en 1848, au sein d'un rituel pratiqué à Châlons-sur-Saône et provenant de l'ancienne Mère Loge Écossaise de Marseille. Une comparaison avec une série de rituels anciens, échelonnés de 1765 à 1800, démontre bien une grande constance par rapport au rituel de 1765, tel qu'il fut publié par Naudon (CG). L'expression, d'origine post-biblique, est certainement chrétienne.

PAX VOBIS: latin; *paix à vous.* Traduction latine du grec des Évangiles (*eirene humin,* Luc XXIV–36). Le SCdF préfère *la paix est en vous.* Il s'agit, comme dans le cas de **PAX VOBISCUM***, d'une traduction littérale de l'hébreu **SHALOM LAKHEM** (Gén. XLIII–23) ou **ALEKHEM**, une expression courante en hébreu parlé, il y a deux millénaires tout comme aujourd'hui.

PAX VOBISCUM: latin; *que la paix soit avec vous.* Voir **PAX VOBIS** et les commentaires l'accompagnant.

PAZ (pé, zaïn): *or pur.* Terme souvent utilisé pour la Sephira **KETER***. Aussi, dans le domaine de la Kabala, les initiales de **PERUSH ZOHAR***, *explication du Zohar.* **PERUSH** est le substantif correspondant au verbe **PARASH**.

PEC'HAD: phonétisation erronée de **PAKHAD**.

PELEG (pé, lamed, ghimel): *divisé, confus,* "car dans son temps la Terre fut divisée". Fils d'Ever (Gén. X-25), arrière-petit-fils de Shem, réputé comme ayant été l'architecte et le constructeur de la Tour de **BABEL**. Dans la légende du Graal (de Chrétien de Troyes) c'est une forme du nom du roi pêcheur, du roi "méhaigné" (CG), celui qui fut parfois connu aussi sous les noms de Pellès, Pelléas, Pellehan ou Pellinor.

PÉLICAN: oiseau palmipède piscivore qui régurgite, comme nombre d'autres oiseaux et d'animaux en général, des aliments prédigérés afin de nourrir ses petits. Ceci donna naissance à une légende tenace selon laquelle le pélican nourrissait ses petits de ses propres entrailles, ou même s'ouvrait le flanc afin de les nourrir de son sang. Source inépuisable d'inspiration dans de nombreux symbolismes dont le chrétien, le héraldique, le maçonnique, etc. En ce qui nous concerne et au sein du REAA, il s'agit d'un symbole de sacrifice et de charité.

PELLEHAN: voir **PELEG**.

PELLINOR: voir **PELEG**.

PELLEAS: voir **PELEG**.

PELLES ou **PELLAS**: voir **PELEG**.

PENTACLE: du latin médiéval *pentaculus;* origine inconnue. Peut-être une contraction do *pentagramme* ou de *pentagone* assortie du suffixe diminutif. Pentagramme orné de formules magiques, beaucoup utilisé en magie talismanique et en magie tout court.

PENTAGRAMME: du grec *penté, cinq,* et de *gramma, lettre.* Pentagone étoilé dessiné d'un seul trait. Voir **ÉTOILE** et **ÉTOILE FLAMBOYANTE**.

PENTALPHA: du grec *penté, cinq,* et du nom de la lettre *alpha.* Un des noms donnés au pentagone étoilé, au pentacle ou pentagramme. On dit que ce nom viendrait du fait que si l'on dessine le pentagone intérieur au pentagramme, on obtient cinq alpha majuscules. Peut-être bien. Mériterait certainement une meilleure explication, mais je n'en ai pas pour l'instant.

PERES (pé, resh, samech): *division* (Dan. VI-28); voir aussi **PARASH**.

PERES MENE TEKEL: Divisé, Distribué, Pesé. Interprétation donnée par Daniel à ce qu'un doigt invisible écrivit sur le plâtre du mur, lors du dernier festin de **BELSHAZZAR*** (Dan. VI-26/27/28). Voir les mots individuellement. Voir aussi **D.D.P.** et la phrase **MENE MENE TEKEL U-PHARSIN.**

PÉRIGNAN ou **PÉRIGNON**: selon notre tradition, nom d'un étranger qui apparut avec un chien, avertit Salomon de la retraite d'**AVIRAM***, y conduisit neuf maîtres et qui pourrait être le bon cousin de quelqu'un. De son métier, il était polisseur de marbre dans une plaine près de **YAFFO***. Origine assez incertaine, sans doute opérative. Quant au nom lui-même, serait-ce un hommage à Dominique de **PÉRIGNON**, maçon et Maréchal d'Empire, comme le disent certains? Improbable, car le mot est plus ancien que l'Empire. Serait-ce alors une déformation du *Pellinor* de la légende du Graal? Très improbable du point de vue étymologique. L'hypothèse la plus probable reste celle d'EG: il s'agirait d'une déformation du mot *pèlerin* ou de sa source latine, *peregrinus*, dont il faut noter que le sens n'est pas *pèlerin* mais *étranger*.

PERIT UT VIVAT: latin; *il meurt afin qu'il vive*. Devise souvent associée au **PHÉNIX*** et dont les symbolismes (alchimique et autres) sont assez évidents.

PHAAL CHOL: déformation de **PA'AL KOL***.

PHAAL GHOL: déformation de **PA'AL KOL***.

PHAALKOL PHARAS KOL: Déformation de **PA'AL KOL*** et de **PARASH KOL***, donnée par D. avec une traduction correcte.

PHALEG ou **PHALEGH**: Déformation de **PELEG**.

PHANGAL CHOL: déformation de **PA'AL KOL***.

PHANGAL KOL: déformation de **PA'AL KOL***.

PHARAS GHOL: déformation de **PARASH KOL***.

PHARASCH CHOL: déformation de **PARASH KOL***.

PHARES: déformation de **PARASH**.

PHARES MENE SHEKEL: voir **PERES MENE TEKEL**.

PHARSIN: c'est la forme que prend le mot **PARSIN*** lorsqu'il est précédé par l'article **U**.

PHÉNIX ou **PHOENIX**: du grec *phoinix*, mot qui signifie aussi *palmier* (Jean II-13). Nom d'un oiseau fabuleux et multicolore qui, considéré seul de son espèce, en résolvait l'épineux problème de la pérénnité d'une

P

façon très particulière: tous les cinq cents ans il s'immolait sur un nid en forme de bûcher et renaissait tout de suite de ses propres cendres. Mentionné pour la première fois par Hérodote, le Phénix est le plus souvent représenté sous la forme d'un aigle et possède depuis la plus haute antiquité un très riche symbolisme, utilisé par la plupart des ésotérismes, y compris ceux chrétiens, maçonniques et alchimiques.

PHILADELPHE: mot qui vient du grec *philadelphos, qui aime ses frères* (ou bien *ses soeurs*). Il est difficile de dire exactement pourquoi ce mot est utilisé au grade où il est utilisé, ou dans l'Ecossisme en général. C'est peut-être pour son sens littéral, ou bien pour son utilisation dans les Évangiles (Rom. XII-10), ou parce qu'il fut, au pluriel ("Philadelphes"), le nom de certaines obédiences ainsi que d'un assez grand nombre de loges et d'une société secrète à fortes tendances politiques. Celle-ci, créée sous le Consulat, fut très active sous l'Empire et sous la Restauration. Ses relations avec la Maçonnerie, quoique indiscutables, restent toujours très peu connues par manque de documents fiables.

PHORLACH (pé, vav, resh, lamed, aleph, khaph): ce mot, qui est donné par V. de préférence à **FURLAC***, est supposé être le nom de l'Ange de la Terre selon certains rituels. C'est un mot suspect, dont on ne peut même plus identifier les termes à partir desquels il a été concocté si, effectivement, il est dérivé de l'hébreu, du latin ou du grec. Plus probablement il a été tiré d'un grimoire non identifié, comme **FURLAC.**

PIERRE: le mot vient du latin populaire *petra*, emprunté au grec et qui avait remplacé dans le parler courant le classique *lapis*. Les maçons étant les descendants de bâtisseurs, et surtout de tailleurs de pierre, il en est question à pratiquement tous les degrés du REAA.

PIERRE ANGULAIRE: en ce qui nous concerne, pierre située à l'angle Nord-Est d'un édifice sacré. On la suppose traditionnellement taillée dans de l'agate pour le temple de Jérusalem. Peut-être empruntée par la Franc-Maçonnerie à la Bible (Psa. CXVIII-22): *"La pierre que les bâtisseurs rejetèrent est devenue la pierre d'angle"*. Cette phrase est d'ailleurs reprise par l'Évangile selon Matthieu (Mat. XXI-42). Le terme est utilisé à plusieurs degrés du REAA.

PIERRE BRUTE: symbolise dans les degrés bleus l'imperfection spirituelle inhérente à l'homme.

PIERRE CARRÉE: expression utilisée à au moins un degré rouge du REAA. Selon Daniel Ligou, signifierait que "notre édifice doit être composé de pierres parfaites".

P

PIERRE CUBIQUE: symbolise dans les loges bleues les progrès que doit faire le Maçon. Source d'un symbolisme assez riche car elle est **cubique**, donc elle a **six** faces et elle donne, si on la déploie, **une croix grecque**.

PIERRE CUBIQUE A POINTE: dotée d'un symbolisme très riche et complexe, impossible à détailler ici, se retrouve à de nombreux degrés du REAA.

PIERRE POLIE: expression couramment utilisée en Franc-Maçonnerie par opposition à **PIERRE BRUTE***, mais ne se retrouve pas dans les rituels.

PILIER: du latin *pilare*, de *pila*, pilier, colonne. Il y a de nombreux piliers dans la tradition maçonnique, surtout les trois qui correspondent aux trois principaux officiers dans les degrés bleus et un, souterrain, plus piédestal que pilier, qui soutient néanmoins le centre du Temple et dont le nom est Beauté. Voir **GOMEZ**.

PLATEAU: du latin *platus, plat, étendu*, par le vieux français (12ᵉ siècle) *platel, bassin, écuelle, plat étendu*. En dehors de toute signification courante actuelle, n'ayant que peu à voir avec la vaisselle, le mot signifie au REAA *fonction dans la loge* et *endroit de la loge où cette fonction est accomplie*.

PONTIFE: du latin *pontifex, constructeur de ponts*. Nom de l'Orateur à un degré du REAA. C'est la Vulgate qui, pour la première fois, donne au mot son sens actuel en l'utilisant, pour des raisons qui restent inexpliquées, comme traduction du mot grec *hiereus*, Grand Prêtre dans les Evangiles. Le symbolisme du constructeur de ponts est bien sûr très proche de celui du constructeur de cathédrales et doit être tout à fait évident aux lecteurs de ce dictionnaire. Il y eut aussi des Frères Pontifes. La bibliographie contient des textes utiles en ce qui les concerne. Par contre, l'utilisation du terme au sein du REAA n'a rien (ou très peu) à voir avec le Souverain Pontife.

POURSUIVANT: du latin classique *pro, devant*, et populaire *sequere, suivre*. Le titre de deux officiers spécifiques à un certain degré du REAA. Habillés l'un de noir, l'autre de blanc, ces officiers mènent un dialogue rituelle des plus intéressantes. Leur fonction est relativement récente au REAA français, car elle fut empruntée au début du siècle à la loge russe en exil, Astrée.

PRÉVOT: du latin *præpositus, préposé*. Nom donné aux Frères à un certain degré.

PRÉVOT ET JUGE: nom donné aux Frères à un certain degré. Voir **PRÉVOT**.

PRIERE: les premiers Francs-Maçons commençaient toujours leurs travaux par une "prière", qui était surtout une manière de dédier leur travail au **GRAND ARCHITECTE***. De nombreuses loges le font encore de nos jours. Il serait peut-être utile d'en présenter un exemple, extrait d'un rituel du 18e siècle, afin de bien comprendre de quoi il s'agissait:

"Souverain architecte de ce vaste univers, Toi qui pénètres les pensées les plus secrètes de nos coeurs, purifie-les par le feu sacré de ton amour, guide et dirige-nous dans le sentier de la vertu, écarte de ton sanctuaire la perversité et l'impiété. Nous te promettons de nous occuper entièrement du Grand Oeuvre de la perfection, ce qui sera la récompense suffisante de nos travaux. Que la paix et la charité resserrent les liens de notre union et que cette loge soit l'image du bonheur dont jouissent les élus dans le royaume céleste, nous donne cet esprit sain et ce discernement qui distingue le bon du mauvais, pour que nous puissions connaître ceux qui ont le vrai zèle de la perfection. Fais enfin que nous n'ayons d'autre but que la gloire et l'avancement du bien dans le règne de la maçonnerie. Dieu bénisse nos travaux".

PROFANE: du latin **profanus**, de **pro**, devant, et **fanum**, *une enceinte consacrée. Ce qui n'est pas (ou n'est plus) sacré* ou *consacré.* Par extension, *sacrilège, impie,* éventuellement *criminel.* En ce qui nous concerne c'est *celui qui n'a pas été initié,* s'il s'agit d'une personne, ou bien *une activité* ou *un sujet qui n'aurait pas trait à la Franc-Maçonnerie.*

P.S.A.: Paix, Sagesse, Amour.

QA'ABA ou **QA'BA** ou **KA'ABA** ou **KA'BA**:   mot arabe d'origine grecque *(kubos, cube, dé)* qui désigne un *cube* et plus particulièrement un *dé à jouer* ou un *édifice de forme cubique*.   La **QA'ABA** est l'endroit le plus sacré de l'Islam, un sanctuaire cubique en pierre grise situé au centre de la grande mosquée de la Mecque, en Arabie Saoudite. Ses angles (et non ses façades) se trouvent orientés sur les quatre points cardinaux.   Ce genre d'alignement est assez rare dans la tradition ésotérique pour mériter d'être mentionné.   Le seul autre exemple que je connais est l'orientation compagnonique basée sur le losange.   Ceci, bien entendu, n'implique ni une filiation, ni même un cousinage.   La Pierre Noire se trouve enchâssée dans l'angle Est de la Qa'aba.   Elle aurait été apportée par l'Archange Gabriel à Abraham.   Basalte volcanique ou météorite, la nature physique exacte de la Pierre ainsi que son origine réelle restent encore totalement inconnues.

QABALA: voir **KABALA** qui est, dans le présent dictionnaire, l'orthographe préférée pour ce mot qui n'a pas à proprement parler, comme la vaste majorité des mots hébraïques, une orthographe bien établie dans les langues occidentales.

QADOSCH: voir **KADOSH**.

QAIN ou **QAYIN**:   un mot chaldéen (et arabe ancien) signifiant *forgeron, travailleur des métaux*.   C'est aussi une des orthographes de **CAIN*** dans certains rituels et sans doute la raison pour laquelle le mot y apparaît de cette façon, à moins que ce ne soit par référence au métier exercé par **KHIRAM***.   Il est intéressant de noter qu'une tribu juive, les **QAYINUQA**, orfèvres et artisans du cuivre et du bronze, vivaient à Yathrib (depuis appellée Médine) en même temps que deux autres, les Nadir et les Quraiza, et furent contemporains de Muhammad. Celui-ci, qui les mentionne dans la Sourate 2-79 du Coran, les chassa de Yathrib sans autre forme de procès, ainsi que les Nadir. En quoi ils eurent de la chance, car les Quraiza furent massacrés jusqu'au dernier homme.   Leurs femmes et leurs enfants furent vendus en esclavage.

QEDOSHIM ou **QEDOSHIN**:   voir **KADOSH** ou **KODESH**.

QEROUBIM: voir **KEROUV**.

QETER ou **QETHER**:   voir **KETER**.

QODESH: voir **KODESH**.

QODESH HA-QODESHIM: voir **KODESH HA-KODESHIM**.

QODESHIM ou **QODESHIN**:   voir **KADOSH** ou **KODESH**.

Q

QOL: voir **KOL**.

QUE FERONS NOUS DE LA PIERRE?: une phrase utilisée dans un degré aujourd'hui disparu du REAA (tel qu'il est pratiqué dans certaines obédiences dont la GLDF) et dont l'inspiration vient sans aucun doute de l'Évangile selon Matthieu (Mat. XXI–42: *"La pierre rejetée par les maçons..."*). Voir sa version anglaise, **WHAT SHALL WE DO WITH THE STONE?**. La phrase, surtout dans sa version anglaise, est encore utilisée au Rite de Marque.

QUIS SIMILIS TIBI IN FORTIBUS, DOMINE?: *qui d'entre les forts est semblable à Toi, Seigneur?*. Traduction latine erronée du texte hébreu de l'Exode XV–11, **MI KAMOKHA BA ELIM ADONAÏ***, voulant dire en réalité: *qui est comme Toi parmi les dieux, Seigneur?*.

QUINTESSENCE: du latin médiéval *quinta essentia*, *cinquième essence*, traduction du grec *pempté ousia*, nous dit le Larousse. Il s'agit du cinquième élément Aristotélicien, l'éther, le plus subtil et le plus volatil. La quintessence selon cette définition (ou d'autres) est d'un grand intérêt pour les alchimistes, auxquels la doit la terminologie du REAA. Il peut aussi être intéressant de noter que le mot apparaît pour la première fois en français chez notre ami Rabelais.

R: RAZA-BETSILA*.

RABACIM: voir **RABUCIN**.

RABBANAIM: une expression donnée dans des rituels anciens. Déformation probable de **RAV-BINIAN***, sinon de **RABBANIM**, *rabbins* (au pluriel), ce qui est nettement moins probable dans le contexte.

RAB BANAIN: une expression donnée dans des textes anciens. Déformation de **RAV-BINIAN***.

RABUCIN: donné dans des textes anciens mais sans aucune traduction. Les tuileurs l'ont transformé en **RAV-BINIAN***, ce qui est nettement plus convaincant.

RACHELAÏAS: hellénisation de **RAKHELAÏA**, *agneau de Dieu*. Ce n'est pas un terme biblique mais une re-traduction en hébreu de l'expression des Évangiles. Selon la tradition, un de douze chefs du peuple lors du retour de Babylone.

RAKHAMIM (resh, kheth, mem, iod, mem): *compassion, pitié* (1 Rois VIII-50). Forme plurielle de **REKHUM***. Autre nom de la sixième **SEPHIRA***. Voir aussi **TIFERET**.

RAPHAEL: voir **REPHAEL**.

RAPHODON: traditionellement, *vrai maçon*. Aucune traduction réelle n'est connue. Le mot pourrait éventuellement dériver de **REPHIDIM*** en dépit de sa consonance grecque.

RASA BETSILAH: voir **RAZA BETSILA**.

RAV BINIAN (resh, beth, beth, noun, iod, noun): *maître d'oeuvre* ou *maître architecte*.

RAZA BETSIIAH: déformation de **RAZA BETSILA***.

RAZABASSI: sans doute une autre corruption de **RAZA-BETSILA***.

RAZA BETSILA (resh, zaïn, aleph, – beth, tsadik, iod, lamed, aleph): araméen zoharique: *le secret dans l'ombre*. C'est de la terminologie purement kabalistique.

RAZA BETSILAH (resh, zaïn, hé, – beth, tsadik, iod, lamed, hé): *la maigre* (féminin) *dans l'ombre*; traduit par V. comme *ascétisme dans la solitude* et par D. comme *Il extermina dans la solitude*; c'est tout à fait improbable; voir plutôt **RAZA BETSILA***.

RAZAH BETSIJAH: déformation de **RAZA BETSILAH***.

R

R.B.: RAZA BETSILA*.

RÉGIONS: nom des colonnes à un certain degré.

REHUM: voir **REKHUM**.

REKHUM (resh, kheth, vav, mem): *compassion, pitié.* Forme singulière de **RAKHAMIM***. Nom de l'un des chefs du peuple juif qui revinrent de Babylone avec **ZERUBAVEL***.

R.M.: **RABACIM*** (première et dernière lettre).

R.N.: **RAV-BINIAN*** (première et dernière lettre).

REPHAEL (resh, pé, aleph, lamed): *mon Dieu a guéri* ou *Dieu de guérison* (1 Chr. VII-25). Il s'agit bien entendu du nom de l'un des **KEROUVIM***, mais qui n'est jamais cité dans ce sens par la Bible où il n'apparaît qu'une seule fois, en tant que nom de l'un des huissiers du Tabernacle (voir la référence ci-dessus). L'origine du mot se trouve dans les diverses angélologies extra-bibliques parmi lesquelles que le Livre d'**ENOCH***.

REPHIDIM (resh, pé, iod, daleth, iod, mem): *plaines.* Le nom du lieu ou les Israëlites campèrent pour la dernière fois avant d'arriver en Terre Promise après la sortie d'Egypte (Ex. XVII-1) et les 40 ans passés à parcourir le désert. V. traduit incorrectement le mot par *couche* ou *canapé* et lui donne une référence biblique fausse. Il traduit d'ailleurs par des termes au singulier un mot qui est clairement au pluriel (terminaison en ...im).

REQUAL: le nom est tellement déformé qu'il est très difficile d'en deviner l'origine. Selon une tradition maçonnique, le nom de l'un des chefs du peuple lors du retour de Babylone.

RESPECTABLE: digne de respect. Qualificatif couramment appliqué aux Loges bleues et, sous la forme Très Respectable, à diverses fonctions et offices dans les obédiences, notamment à celle de Grand Maître, où il a depuis peu de temps remplacé **SÉRÉNISSIME***.

RESPECTABLES ANCIENS: appelation des membres de la Loge à un certain degré.

RESPECTABLES CHEVALIERS: appelation des membres de la Loge à un certain degré.

ROMVIL: selon V. (resh, vav, mem, aleph, vav, iod, lamed), *idiot exalté* (?!?). Traduction correcte, mais le mot est assez bizarre. V. dit aussi que ce serait le nom de l'un des trois meurtriers, dans une des traditions existantes, avec **GRAVELOT*** et **AVIRAM***. Pas d'origine

---

biblique. Introduit peut-être par un hébraïsant facétieux? Autre
alternative possible, ce serait un nom démoniaque tiré de l'un des
nombreux volumes de Kabala opérative qui furent publiés à la suite
du Sepher Raziel en 1701 (Clavicules de Salomon?).

ROSE: Dans le domaine qui nous intéresse, la rose c'est toujours l'*églantine*
a cinq pétales en forme de coeur, à cinq sépales triangulaires formant
une étoile à cinq branches (dont les sommets pointent entre les pétales).
Très souvent symbole du secret. Associée à la **CROIX***, son symbolisme
devient trop complexe pour être mentionné ici, mais en général c'est
le secret de l'immortalité.

ROSE-CROIX: nom d'un degré important du REAA ainsi que de degrés appartenant à d'autres rites. Incorporé au REAA au 18ᵉ siècle, le rite de
Rose-Croix est probablement plus ancien et descend peut-être d'une
confrérie ésotérique allemande, axée particulièrement sur l'alchimie,
qui aurait existé à la fin du 16ᵉ siècle sous le nom de Rosen-
kreuz. Aucune preuve n'existe, malheureusement, pour soutenir cette
tradition.

ROSICRUCIEN: Ordre fondé à New York en 1916 par H. Spencer Lewis sous le
nom d'**A.M.O.R.C.**, c'est à dire Ancient Mystical Order of the Rosy
Cross. Son but est de dévoiler par le biais d'une alchimie spirituelle
la connaissance de soi et les mystères du monde. L'**A.M.O.R.C.**, qui
recrute activement et utilise pour cela des méthodes publicitaires
des plus modernes, est très éloigné de ce que le REAA appelle **ROSE-
CROIX*** et la confusion est à éviter.

ROUGE: se dit en hébreu **ADOM***, proche de **ADAM***, **ADAMA*** et **EDOM***, la
couleur du sang, du feu et de la **ROSE***. Au sein du REAA, c'est la
couleur spécifique d'un certain degré tout en donnant son nom générique à la totalité des loges des hauts grades, appelées rouges par
opposition aux loges des trois premiers degrés, dites **BLEUes***. Le
rouge fut la couleur d'origine de la Franc-Maçonnerie et reste celle
du REAA, comme le vert appartient au rite Écossais Rectifié, le bleu
aux rites Émulation et Français. Elle provient sans doute de la tradition compagnonique, dans laquelle elle symbolise le sang versé par
Maître Jacques. Les divers écrivains et philosophes maçons, comme
Wirth et Boucher parmi d'autres, spéculèrent beaucoup sur le symbolisme de cette couleur. Le Dictionnaire de Daniel Ligou contient un
excellent article à ce sujet.

ROYAL-ARCH: Rite maçonnique pratiqué surtout dans les pays anglo-saxons
et dont existent plusieurs variantes. Le plus souvent, nom donné
aux "Capitular Degrees", les *degrés capitulaires*, c'est à dire les
degrés du rite d'York qui culminent avec le degré de **ROYAL ARCH
MASON**.

R

ROYAL[E]-ARCHE: C'est un degré du REAA. Aussi, un rite maçonnique surtout pratiqué dans les pays anglo-saxons et dont existent plusieurs variantes.

ROYAL-HACHE: Degré du REAA, qui le considère comme étant d'origine hermétique. Il n'est pas exclu que le nom ne soit à l'origine qu'une déformation de **ROYAL-ARCHE°**. Voir **HACHE**.

ROZNIM (resh, [vav], zaïn, noun, iod, mem): *princes* (Jug. V-3). Pluriel de **ROZEN** (resh, (vav), zaïn, noun) *prince*. Il n'est pas exclu que dans certains rituels l'on soit passé de **ROZEN** à **ROSE** et vice-versa.

RUAKH (resh, vav, kheth): *respiration, vent* ou *esprit* (Gén. I-2).

RUCHE: du gaulois *rusc*, à travers le bas latin *rusca, écorce*. Le mot a trouvé une place dans le symbolisme du REAA, en partie du fait de ses connotations avec le travail et l'organisation, mais surtout parce qu'il est une des traduction possibles de l'hébreu **DVIR°**, le nom du Saint des Saints dans le Temple de Salomon.

S

S: certains disent **Soleil**, d'autres disent **Sagesse**, ou **Science**, enfin il en existe qui disent **Sainteté**.

SABAL ou **SABBAL** (samech, beth, lamed): *porteur, portefaix*. Peut-être l'un des 70.000 qui travaillèrent à la construction du Temple (1 Rois V-15). Bien plus probablement, dans le contexte du degré visé et des autres mots utilisés simultanément au même degré, il devrait s'agir de **SEVEL***, dont l'orthographe est identique.

SABAEL: nom d'un ange selon diverses angélologies (livre d'Énoch, Kabala Sepher Raziel) mais absent de la Bible. Tout à fait improbable dans le contexte du grade visé. Sans doute, dans ce cas, une déformation de **SEVEL***.

SACRIFICE: du latin *sacrificium*, de *sacer*, sacré, et *facere, faire*. Le sacrifice rendu par le Chef du Tabernacle et par le Prince du Tabernacle. Agnus Dei (Jean I-29), l'**AGNEAU*** Pascal, qui est l'élément principal de la cérémonie du même nom.

SADAÏ: voir **SHADAÏ**.

SAINT JEAN: saint patron de la Maçonnerie Opérative et par la suite du Rite Écossais. Les tenants d'une filiation chevaleresque soulignent que les **TEMPLIERS*** portaient une vénération spéciale à Saint Jean. Il est vrai aussi que les chevaliers de Malte, qui profitèrent beaucoup de la destruction de l'ordre Templier, s'appellent Hospitaliers de Saint Jean de Jérusalem.

SAINT JEAN BAPTISTE: la fête de Saint Jean Baptiste correspond (chez les catholiques uniquement) au solstice d'été. C'est surtout pour cela que la Maçonnerie s'y est intéressée, car les solstices furent de tout temps des fêtes importantes pour les bâtisseurs. Avant le christianisme, c'est aux deux visages du dieu Janus que les deux fêtes étaient dédiées. Le christianisme sut en hériter, comme ce fut aussi le cas pour de nombreuses autres fêtes "païennes" à l'origine.

SAINT JEAN L'ÉVANGÉLISTE: la fête de Saint Jean Évangéliste correspond (chez les catholiques uniquement) au solstice d'hiver. Voir **SAINT JEAN BAPTISTE** pour d'autres détails.

SAINT GEORGES: porteur d'une lance inflexible et saint patron du Royaume Uni, ce qui peut être une explication de sa présence, sinon dans le REAA, en tout cas dans la Franc-Maçonnerie. Impliqué, comme **SAINT MICHEL***, dans des affaires de dragons. Les alchimistes apprécieront.

SAINT MICHEL: porteur d'un glaive flamboyant et très probablement dérivé du **KEROUV*** du même nom. Impliqué, comme **SAINT GEORGES***, dans des histoires de dragons. Les alchimistes apprécieront.

S

SALATHIEL: version grecque de **SHEALTIEL***.

SHALUM ou SHALLUM (shin, lamed, [vav], mem): *payé, récompensé* (Isa. XXXIV-8). Souvent confondu dans divers rituels avec **SHALEM*** et **SHALOM***.

SALIX: acronyme d'un groupe de mots spécifiques à un certain degré. Voir **SALIX NONI TENGU** ci-dessous.

SALIX NONIS (ou **NONI**) TENGU: acronymes de trois groupes de mots spécifiques à un certain degré. Aussi, anagramme de **LUX INENS AGIT NOS***. Tous les mots constitutifs de ces acronymes se trouvent dans ce dictionnaire.

SANCTUAIRE: du latin ecclésiastique médiéval *sanctuarius*, venant du latin *sanctus*, saint. *Écrit* ou *lieu saint*. Re-traduction de l'hébreu **MIKDASH** (Ex. XV-17). En ce qui nous concerne, c'est le nom de l'Orient à un certain degré du REAA.

SALOMÉ: forme hellénisée de **SHELOMITH***. Belle-fille de **HÉRODE*** Antipas et fille de Hérodiade, son épouse. Elle demanda et obtint la tête de Saint Jean Baptiste. Dans les Écritures (Marc XV-40), une des femmes qui suivirent Jésus depuis la Galilée. En ce qui nous concerne, il est très improbable qu'il s'agisse de l'une d'entre elles. Je suis plutôt favorable à une distorsion de **SHALEM*** ou de **SHALOM***.

SALOMON: forme hellénisée de **SHELOMO***.

SAPHI: origine très difficile à identifier. Il s'agit probablement d'une déformation de **TSOFÉ***. Autre hypothèse possible: extrême distorsion de **CHIVI*** ou de **CIVI***.

SAPIENTIA: latin; *intelligence, savoir, sagesse*. La sagesse salomonienne est le *discernement*.

SARAÏAS: hellénisation de **SARAÏ** (shin, resh, iod) ou de **SERAIAH***, *Yah est prince* (Gen XI-29), premier nom de Sara, épouse d'Abraham. Selon la tradition, un de douze chefs du peuple lors du retour de Babylone.

SARAPH (shin, resh, pé): *brûler;* singulier de **SERAPHIM**, *les brûlants,* une classe d'anges dans la tradition hébraïque (Isaïe VI-2).

SCEAU: du latin classique *sigillum* par le latin vulgaire *sigellum, figurine, cachet.* Dans le REAA on rencontre de nombreux sceaux, matériels et symboliques.

SCEAU DE SALOMON: nom souvent donné au pentagramme mais surtout à l'hexagone étoilé, fait de deux triangles équilatéraux, dont l'un ayant subi une rotation à 180° (et non à 30°, c'est important), superposés ou entrelacés. Figure d'un symbolisme très complexe, kabalistique, alchimique et ésotérique en général, variant selon l'orientation du triangle superposé à l'autre ou le fait qu'ils soient ou pas entrelacés. Très brièvement, le triangle dirigé vers le haut symbolise le monde spirituel; celui dirigé vers le bas, le monde de la matière. Celui qui recouvre l'autre donne l'orientation symbolique du tout. Ensemble, le hexagramme symbolise la totalité de l'univers et comprend dans son dessin les signes des quatre éléments, tout comme le tracé d'une cathédrale comprend les marques de ses bâtisseurs. Entrelacé, il symbolise l'Unité de la Création. L'appelation de Sceau de Salomon est relativement récente (17e siècle?). Son nom ancien est Bouclier de David et vient de l'hébreu **MAGUEN DAVID**.

SCEAU DU SECRET: instrument symbolique utilisé à l'un des degrés du REAA.

SCEAUX (LES SEPT –): ce sont sept sceaux attachés par des rubans à un livre qui apparaît à un certain degré. Chacun de ces sceaux porte une des sept lettres **B.D.S.P.H.G.F.** et dont l'idée est tirée sans aucun doute de l'**APOCALYPSE** de Jean (Apo. V), sauf pour le fait que ce dernier ne mentionne aucune lettre.

SCHALAL SCHALOM ABI: voir **SHALAL SHALOM AVI**.

SCHALASH ESRIM: version incorrecte de **'ESRIM VESHALOSH** donnée par V.

SCHALEM: voir **SHALEM**.

SCHALOM: voir **SHALOM**.

SCHALUM: voir **SHALUM**.

SCHELEMOTH ou **SCHELEMUTH**: voir **SHELEMUTH**.

SCHIBBOLETH ou **SCHIBOLETH**: voir **SHIBOLETH**.

SCHIBOLEH: voir **SHIBOLETH**.

SCHILO SHALOM ABI: voir **SHELO SHALOM AVI**.

SCHOR LABAN: voir **SHOR LAVAN**.

SCHUPHI: origine très difficile à identifier. Il s'agit probablement d'une déformation de **TSOFÉ**. Autre hypothèse possible: extrême distorsion de **CHIVI** ou de **CIVI**.

SECRET: du latin *secretus, secret, séparé*. Ce qui sépare et différencie l'initié du profane. Le vrai secret le restera toujours, car intransmissible autrement que par l'initiation.

S

SEDECH: voir **TSEDEK**.

SEIGNEUR MON DIEU ou O SEIGNEUR MON DIEU: exclamation rituelle
utilisée à un certain degré du REAA.

SELEMIAS: forme hellénisée de **SHELEMIAH***.

SELEMOUTH: voir **SHELEMUTH**.

SEM: voir **SHEM**.

SÉNAT: du latin *senatus*, de *senex, vieillard*. Des assemblées de vieillards
(ou plutôt d'anciens) unirent leur sagesse et leur expérience, depuis
l'aube de l'humanité, pour conduire les tribus et les nations. Les
sénats d'Athènes et de Rome furent parmi les plus connus. Plus tard,
il y eut des assemblées de ce nom, mais de nature parlementaire, dans
certains pays comme la France et les États Unis. En Franc-Maçonnerie,
c'est le nom de la Loge à un certain degré.

SEPHIRA (samekh, pé, iod, resh, hé): *compte, décompte*. De **SAPHAR**,
(samekh, pé, resh), *compter, décompter* (Lév. XXIII-15). Rien à voir
avec le mot grec *sphaira* ou autres spéculations du même acabit. La
méthode de la **KABALA*** découpe arbitrairement le cours homogène de
l'émanation (reliant le Créateur à la création) en dix "moments",
correspondant à dix caractéristiques majeures du Créateur. Ce sont
les dix **SEPHIROT***.

SEPHIROT: pluriel de **SEPHIRA***.

SEPTENTRION: du latin *septemtriones, les sept boeufs*, terme qui désignait
les sept étoiles de la Grande Ourse. En principe le Nord géographique,
mais dans le REAA se dit, indifféremment de l'orientation réelle, du
côté d'une Loge qui se trouve à gauche lorsqu'on y entre.

SERAIAH (shin, resh, iod, hé): *Yah est prince* (2 Rois XXV-18). Le fils
d'Azariah, il était Grand Prêtre à Jérusalem lorsque **NEBUKHAD-
NETSAR*** conquit la ville. D. le traduit incorrectement par "Cantique
du Seigneur". Voir aussi **SARAIAS**.

SERAPHIN ou SERAPHIM: voir **SARAPH**.

SÉRÉNISSIME: du latin **serenus**, *sans nuage* et, au sens figuratif, *calme,
exempt de trouble*, à travers l'italien *serenissimo*, superlatif de
sereno, même signification; *ayant atteint le calme suprême*. Le mot
apparaît au 13e siècle. Jusqu'à très récemment, titre du Grand Maître
de la Grande Loge de France, mais regrettablement abandonné en 1983.
Je dis regrettablement car c'est un mot très ancien, ayant trait à
une qualité tout à fait initiatique. Il est toujours dommage d'abandonner une parcelle de la tradition.

SÉRÉNITÉ: du latin **serenitas**, *calme, sans nuage.*

SERMENT: du latin **sacramentum**, *dépôt soumis en gage aux Dieux*, qui a remplacé dans le sens de *promesse formelle* l'expression plus ancienne *jusjurandum*. Les rituels du REAA contiennent de nombreux serments dont certains, comprenant des clauses pénales particulièrement terribles, dans les premiers degrés. Il est certain que ces serments, comme tous les éléments de tout rite initiatique, ne sont jamais à prendre à la lettre mais ont un sens symbolique évident aux initiés.

SERPENT: apparaît en français en 1080, dans la Chanson de Roland. Était un nom féminin en français ancien. Vient du latin **serpens, -tis**, participe présent de **serpere, ramper.** Reptile riche de symbolismes divers, souvent rencontré dans le REAA. Voir **NAKHASH, NEKHUSHTAN** et **OUROBOROS.** Principalement et en ce qui nous concerne, c'est le *Serpent de la Génèse* (Gén. III-1) et le *Serpent de Feu* (Num. XXI-8), appellé d'Airain̄ (ou plutôt de Cuivre) dans le verset suivant (Num. XXI-9).

SEVEL (samech, beth, lamed): *fardeau, douleur, souffrance* (Isaïe IX-4). Voir **SABAL.**

SHABALATH: très déformé. Peut-être une corruption de **SHIBBOLETH***, peut-être une déformation de l'araméen **SAVLAT**, *souffrance.*

SHABALATH MOHABON KELEN MEKHIA: la signification de cette "phrase" est très peu évidente. Voir le premier mot, **SHABALATH**, plus haut. Le dernier (mem, kheth, iod, hé), veut dire *soutien.* Voir aussi **MOHABON. KELEN** pourrait éventuellement être une déformation de **KELEH*.**

SCHADDAÏ: voir **SHADAÏ.**

SHADAÏ (shin, daleth, iod): *tout-puissant* (Gén. XVII-1). Pas d'étymologie connue. Le nombre de Shaddaï est 314, comme **METATRON*** (MS). Ce nom est l'attribut de puissance de Dieu. Il a une importance particulière dans divers symbolismes, y compris le symbolisme maçonnique, et même dans différentes techniques. Un texte opératif daté de 1663 contient une invocation à El Shaddaï (Symbolisme, n° 352, p. 228) que nous retrouvons chez Clément Stretton (Comason, Janvier 1913, vol. V, p. 18). On peut aussi consulter, avec les précautions d'usage, les rituels de Ragon pour les degrés concernés (CG).

SHAKAL (shin, koph, lamed): *peser, pesa* (Gén. XXIII-16).

SHALAL (shin, lamed, lamed): *butin* ou *proie* (Gén. XLIX-27).

SHALAL SHALOM AVI: *il s'attacha à la paix de mon père.* Ici, **SHALAL*** est pris dans un sens rare afin de donner une phrase compréhensible.

S

Un peu artificiel donc. Voir les mots individuels ainsi que **SHELO SHALOM AVI**.

SHALEM (shin, lamed, mem): *parfait* (Deut. XXV–15).

SHALOM (shin, lamed, vav, mem): *paix* (Gén. XV–15). Relation possible avec **SHALEM***.

SHEALTIEL (shin, aleph, lamed, tav, iod, aleph, lamed): *demandé à Dieu* ou *j'ai demandé à Dieu*. Soit le père de **ZERUBAVEL*** selon Ezra III–2, soit son ancêtre, selon d'autres sources bibliques.

SHEBAME'ARAH (shin, beth, mem, aïn, resh, hé): *qui est dans la caverne*. De **ME'ARAH***, *caverne*.

SHEKEL (shin, koph, lamed): monnaie de l'ère biblique, représentant un poids d'argent déterminé (environ 8,4 grammes pour le shekel babylonien) (Gén. XXIII–15). De **SHAKAL***, *peser*.

SHEKHINA (shin, kaph, iod, noun, hé): *présence divine*. Terme au symbolisme extrêmement complexe, l'un des concepts de base de la **KABALA*** et dont une explication même superficielle sortirait tout à fait du cadre de ce dictionnaire, sauf pour dire qu'il s'agit de l'immanence dans ses diverses formes. Un excellent ouvrage existe pour mieux étudier ce sujet. C'est le livre de Gershom Sholem, "Principes Fondamentaux de la Mystique Juive" (Éd. Cerf).

SHELEMIAH (shin, lamed, mem, iod, hé): *Yah est récompense, Yah a récompensé* ou *Yah a rendu parfait* (1 Chr. XXVI–14). D. traduit, fautivement, par *paix du Seigneur* (en pensant à **SHALOM**).

SHELEMUTH (shin, lamed, mem, vav, tav): *perfection*. De **SHALEM***.

SHELO (shin, lamed, vav): *à lui*.

SHELO SHALOM AVI: *à lui est la paix de mon père*. C'est une version nettement plus vraisemblable de **SHALAL SHALOM AVI***. Voir les mots individuels.

SHELOMO (shin, lamed, mem, hé): *pacifique*. Bâtisseur du Temple de Jérusalem, dixième fils de David, second fils de Bethsabée, troisième roi d'Israël (2 Sam. V–14). Son nom est souvent hellénisé en **SALOMON**. Second personnage central, après Hiram, d'une grande partie du REAA, personnage biblique de premier rang et le plus haut en couleur sans aucun doute. Quoique sa réalité historique soit incontestable, sa légende dépasse sans doute de loin cette réalité. Ami richissime du démon **ASHMEDAÏ** (Asmodée, souvent mentionné par la Kabala), il possédait la pierre verte qui fendait la roche. Grand magicien et savant, armateur de navires qui allèrent jusqu'à Ophir, Dieu lui parla, le

S

menaça et fit alliance avec lui. Il eut d'innombrables concubines, épouses et enfants, mourut à Jérusalem et y fut enterré après quarante années de règne.

SHEM (shin, mem): *nom, renommée.* Nom du premier fils de **NOAKH*** (Noé) et l'un des ancêtres de l'humanité post-diluvienne, plus spécifiquement des Sémites. Aussi une des appellations usuelles du nom ineffable, **JAHVÉ**.

SHEM HA-MEFORASH (shin, mem – hé, mem, pé, resh, shin): *le nom explicite.* Il s'agit du seul nom donné comme le sien par Dieu Lui-même. Ce nom fut révélé à Moïse sur le mont Horev lors de l'épisode du Buisson Ardent.

SHEREV-YAH (shin, resh, beth, – iod, hé): *brûlure* (ou *feu) de Dieu.* V. le traduit incorrectement par *premier avec Dieu* (2 Esd. IX-5).

SHIBBOLETH: voir **SHIBOLETH**.

SHIBOLETH (shin, [iod], beth, [vav], lamed, tav): *épi de blé* et aussi *courant d'une rivière.* Ce terme servit de mot de passe aux guerriers de Gil'ad (Galaad) dans leur guerre contre les Ephraïmites, car ceux-ci étaient incapables de prononcer le **SHIN**, qu'ils prononçaient "s" (Juges XII-6). Ceci leur valut de gros ennuis.

SHIN (shin ou shin, noun): lettre de l'alphabet hébreu. Signifie *dent* dans son sens hiéroglyphique. Dans le sens ésotérique, **SHIN**, initiale de **SHEM*** et du "Crédo" juif (*Shma Israël, Adonaï Elokheïnou Adonaï Ekhad* ; *écoute Israël, notre Seigneur Dieu est Un*). Symbolise la puissance divine. Sa valeur numérique est 300. Il est intéressant de noter, mais probablement sans signification particulière, que *Dieux* se dit en Japonais **SHIN**, d'où d'ailleurs le nom de la religion *Shin-tô,* "la Voie des Dieux".

SHOMER (shin, vav, mem, resh): *garde, gardien* (Isaïe XXI-11).

SHOMER NEEMAN: *gardien fidèle.* Voir les deux mots.

SHOR (shin, vav, resh): signifie *boeuf* ou *taureau* (Gén. XXXII-5). Le sexe des bovins est assez difficile à déterminer dans les textes bibliques. Symbole de force et de patience en Kabala.

SHOR LAVAN (shin, vav, resh, – lamed, beth, noun): *boeuf blanc,* symbole de l'innocence. Voir les deux mots.

SIBOLETH: c'est de cette façon (incorrecte) que les Éphraïmites prononçaient le mot **SHIBOLETH***.

SIDONIUS: forme hellénisée de **TSIDONI***.

S

SIGNE: du latin *signum, marque, empreinte, signal.* Très vieux mot français (il date du 10ᵉ siècle). Depuis toujours les Franc-Maçons, comme les Compagnons et leurs ancêtres, se reconnaissent entre eux par des **SIGNES**, des **MOTS*** et des **ATTOUCHEMENTS***, différents et caractéristiques à chacun des 33 degrés du REAA. Il est utile d'avoir une bonne mémoire.

SINAI (samech, iod, noun, iod): *falaises.* Maintes autres traductions sont proposées par les chercheurs qu'il est impossible d'énumérer ici. Le Sinaï est d'abord une presqu'île triangulaire reliant l'Asie à l'Afrique et plus précisément l'Égypte à Israël, bordée à l'ouest par le golfe de Suez, à l'est par le golfe d'Eilat (ou d'Akaba), au nord par la Méditerannée. Un mont dénommé Sinaï s'y trouve, mais on n'est pas du tout certain que ce soit le bon. Son identification vient de ce que les Arabes l'appelaient Djebel Moussa, le mont de Moïse. Or il s'avère que ce nom était celui d'un ermite arabe chrétien du nom de Moïse qui s'y établit au 4ᵉ siècle. La Bible elle-même utilise deux noms différents, Sinaï et Horeb, et donne des indications contradictoires quant au trajet de l'Exode. Il est très probable que l'emplacement et l'identité exacte du mont était déjà perdus à la fin de l'époque des Rois. Parmi les emplacements concurrents se trouvent Djebel Katarina (2640 m.), Djebel Mussa, le Mont traditionnel (2283 m.) et Djebel Sirbal (2070 m.). Mais il se peut que le concurrent le plus sérieux pour des raisons géographiques et géologiques soit un petit volcan actuellement éteint, le mont Ramon (1035 m.) dans le désert de Sin (le Néguev actuel). On y trouve des traces archéologiques d'une pratique religieuse ininterrompue (comme il serait normal pour un lieu si sacré) depuis le 16ᵉ siècle avant l'E.V. (donc l'époque de Moïse) et jusqu'au 5ᵉ siècle avant l'E.V. Il faut savoir que rien de tel ne se trouve ailleurs.

SINISTROGYRE: mot très récent (fin du 19ᵉ siècle) dérivé du latin *sinister, gauche,* opposé de *droit,* et du grec *gûros, cercle,* à travers le latin *girare, tourner. Qui tourne vers la gauche.* Utilisé parfois à la place de **SINISTRORSUM*** qui est pourtant préférable, car nettement plus ancien.

SINISTRORSUM: adjectif et adverbe latin signifiant *vers la gauche.* Dans le sens opposé aux aiguilles d'une montre, ou au mouvement apparent de la voûte céleste dans l'hémisphère nord. Le sens de tout mouvement dans certaines loges. Voir **SINISTROGYRE.**

SINON XILA (ou **XILAS**): voir **SALIX NONIS,** dont c'est presque l'inverse.

SOPHONIAS: voir **TSEPHANIAH.**

SOPHRONIAS: selon certains rituels, père de **GALAAD*** (sic). Il s'agit probablement d'encore une déformation de **TSEPHANIAH***. Il se peut que ce dernier nom soit à l'origine de "Stéphane".

S

SOUVERAIN: du latin médiéval *superanus*, de *super, dessus*. *Indépendant, haut placé*, éventuellement *royal*. Titre des membres de la Loge à un certain degré.

SOUVERAIN GRAND COMMANDEUR: titre du président à un certain degré. Titre du chef d'une **JURIDICTION**.

SOUVERAIN ARBITRE DES MONDES: façon quelque peu pompeuse, utilisée par certains rituels, pour dire **GRAND ARCHITECTE**.

SPÉCULATIF: du bas latin *speculativus*, de *speculari, observer*. Se dit de ceux qui, sans être maçons de métier, furent acceptés dans les loges maçonniques, à partir du 17e siècle, autant pour leurs qualités intellectuelles que pour leur rang social.

SPES MEA IN DEO EST: latin, évidemment; *mon espoir est en Dieu*. C'est l'une des multiples devises chevaleresques adoptées par le REAA depuis le 18e siècle.

SPIRITUS: du latin; veut dire *souffle, respiration, inspiration*. Utilisé dans le sens d'*esprit*. Correspond à l'hébreu **RUAKH**.

SQUARE MASONRY: expression anglaise qui veut dire *maçonnerie carrée* et qui se réfère aux trois premiers degrés du REAA, par opposition à **ARCH MASONRY**.

S.S.: du latin *Sanctus Sanctorum*, en français *Saint des Saints*.

S.S.S.: diverses interprétations sont données à ces initiales, comme par exemple *Stella Sedet Soli, l'étoile est assise sur le trône* (?), *Stellato Sedet Solio, il siège étoilé sur un trône*, ou bien *Science, Sagesse, Saintoté*. D'autres traductions restent possibles, car il ne faut pas oublier que par exemple *solium* ne veut pas dire uniquement *trône*, mais aussi *sarcophage*, ce qui n'est point sans intérêt *(sarcophage étoilé...)*. Le même mot peut, aussi, être une déclinaison fautive de *sol, solis*, c'est à dire *soleil*. De toutes les interprétations de **S.S.S.** mentionnées ci-dessus, la seconde est pour l'instant la plus probable.

STERKIN: traduction inconnue, mais la structure du mot paraît sémitique. Le suffixe **-IN** est le pluriel masculin araméen. Pourrait provenir des racines (sin, tet, resh): *éclater, faire éruption;* (sin, resh, koph): *rouge, roux;* (hé, shin, tet, resh, coph): *se mettre à siffler;* (samekh, tav, resh): *cachette, secret;* enfin de (hé, samekh, tav, resh, coph): *se peigner*, ou de (samekh, resh, koph): *peigner, carder*. En fin de compte rien de clair ni de très convaincant. Traditionnellement et selon V., le premier des neuf maîtres qui étaient partis à la recherche des meurtriers. Dans une autre tradition et toujours selon V., l'un des trois meurtriers; voir aussi **STOLKIN, ZEOMET** et **ELEHAM**. Encore selon V., ce mot serait une distorsion de **SHOUL CAIN**, (shin, vav, lamed, – coph, iod, noun), qu'il traduit par *désir des possessions*. Faux. **SHOUL** veut dire postérieur, fond d'un vaisseau. La transition de **SHOUL CAIN** à **STERKIN** ne paraît pas évidente non plus, que ce soit étymologiquement ou symboliquement. Voir aussi **CAIN**. Une autre interprétation possible serait un nom magique, angélique, ou même démoniaque, tiré de l'un des nombreux volumes de Kabala opérative qui furent publiés à la suite de l'apparition du Sepher Raziel en 1701 (Clavicules de Salomon?).

STIBIUM: bien entendu, pas hébreu du tout. Anciennement, c'était le nom latin que les romains donnaient au *minérai* (une sulfure) *d'antimoine*. Actuellement, le *nom scientifique de l'élément Sb*, l'*antimoine métal*. Le stibium des anciens intéressa les alchimistes et put se retrouver, par ce biais, dans un rituel maçonnique. Selon CG et MB, ce serait l'anagramme approximative d'une substance, jusqu'à très récemment un des piliers de la pharmacologie, dont une variété fit le bonheur de nombreux philosophes. L'influence alchimique dans la Maçonnerie est surtout l'oeuvre du baron de Tschoudy (moins de Pernety, dont on ne sait pas vraiment s'il fut maçon) et d'apports reçus à travers les livres de popularisation de la Kabala opérative qui parurent très nombreux au début du 18e siècle.

STOLKIN: traduction inconnue, mais comme pour **STERKIN*** la structure du mot paraît sémitique. Le suffixe **–IN** est le pluriel masculin araméen. Pourrait provenir de la racine (shin, tav, lamed), *planter*, ou de (shin, tav, lamed, koph), *disparaître, s'enfuir*, mais introuvable dans les dictionnaires. Dans la tradition, (ce qui pourrait avoir quelque chose en commun avec la notion de s'enfuir ou de disparaître). MBC pense à une déformation de **SHTALTAN** (shin, tav, lamed, tet, noun), *despote, homme autoritaire*. Traditionnellement encore et selon V., l'un des trois meurtriers. Selon une autre tradition et à un autre degré, Stolkin surveillait les ouvriers de la tribu de Benjamin. A encore un autre degré et selon un autre rituel, favori de Salomon. Bien entendu, il n'existe pas d'équivalent biblique de ce personnage. Voir aussi les commentaires concernant **STERKIN, ZEOMET** et **ELEHAM**.

STYLE (**–S**): rien à voir avec les exercices de style. Vient du grec *stulos, colonne*. Nom des colonnes à un certain degré.

SUBLIME: du latin *sublimis, élevé, suspendu dans les airs*. Apparaît en en français au 14e siècle sous la forme **SUBLIMÉ** par le biais de l'alchimie. Prend son sens actuel au début du 16e siècle.

SUBLIME MAÇON: nom donné aux membres de la loge à un certain degré.

SUBLIME GRAND MAÎTRE: nom donné au premier officier de la Loge à un certain degré du REAA.

S

SUD: le point cardinal. Terme très rarement utilisé au REAA, où on lui préfère **MIDI***.

SUPREME CONSEIL: Instance suprême du Rite Écossais Ancien et Accepté. De **CONSEIL*** et du mot latin *supremus*, superlatif de *superus, ce qui est en haut.* Les membres du **SUPREME CONSEIL** sont cooptés, au fur et à mesure des besoins, au sein du **CONSEIL SUPREME***.

SVASTIKA ou **SWASTIKA:** en sanscrit, *de bon augure*, de *svasti, salut!* Actuellement connu comme symbole religieux hindou et, depuis les années 1920, comme sigle d'un mouvement totalitaire qui se distingua par sa sauvagerie. Le symbole est en réalité beaucoup plus répandu et plus ancien; il se retrouve autant dans la frise de la synagogue de Capernaüm que dans des peintures rupestres. Très proche du triskelion dans son symbolisme, sa signification diffère selon le sens dans lequel sont tournées ses branches.

SYLPHE: pluriel **SYLPHES**; du latin *sylphus*, esprit aérien mâle dans la mythologie gréco-romaine. Cité par V. A un certain degré, les sept premiers membres de la loge s'appellent **KEROUVIM** (*chérubins*) et les autres **SYLPHES.** Il est difficile de comprendre, pour l'instant, par quel biais ce terme curieux a pu se faufiler dans un rituel écossais. Dans le contexte purement hébraïque et biblique de ce grade, je penche plutôt vers une déformation de **TSALAPH***.

SYMBOLE: un des mots les plus incompris ou mal compris qui soient. Il vient du grec *sumballeîn, jeter ensemble*, à travers *sumbolos, signe, marque,* le latin classique *symbolos,* même sens, le latin ecclésiastique où il prend le sens de *signe.* Il revêt finalement sa forme française en 1380 chez Aalma, où il signifie *article de foi.* Curieusement, ce n'est qu'au 16e siècle qu'il prend un sens proche de son sens actuel, car il veut dire *allégorie.* En ce qui nous concerne, un symbole est un graphisme ou la représentation d'un objet, servant à la transmission d'un ensemble d'idées intransmissibles par tout autre moyen et, aussi, comme étincelle génératrice d'une pensée philosophique. Il n'est ni nécessaire ni utile que l'ensemble d'idées transmises (ou la pensée philosophique générée) soit identique chez tous. L'important est qu'une transmission se soit faite et qu'une pensée soit née.

119

T

TABAOR: peut-être **TAVA OR** (tav, beth, aïn, – aleph, vav, resh), *exigea la lumière.* N'existe pas dans la Bible. Autre alternative possible: ce serait un nom magique, angélique ou même démoniaque, tiré de l'un des nombreux volumes d'angélologie, de démonologie, de magie et de Kabala opérative qui furent publiés en Europe à la suite de l'apparition du Sepher Raziel en 1701 (Clavicules de Salomon?). Un des trois meurtriers, selon une tradition rapportée par V. Voir aussi **EDOM, THABOR** et **TOFFET.**

TABERNACLE: vient du latin *tabernaculum; tente.* Le Tabernacle fut très souvent confondu avec l'**ARCHE*** de l'Alliance, même par le "Grand Larousse du 20ᵉ Siècle", qui commence par se contredire puis cumule les erreurs en déclarant tout ingénument que l'Arche aurait été en bois de cèdre. Ce n'était bien entendu le cas ni pour l'un ni pour l'autre (voir **ACACIA**). En hébreu c'est **OHEL MO'ED** (aleph, hé, lamed, – mem, vav, aïn, daleth, Ex. XXVI–9) ou **MISHKHAN*** (mem, shin, kaph, noun, Ex. XXV–9). Le Tabernacle était la tente en lin bleu, pourpre et cramoisi, tendu sur des perches en bois d'acacia, couvert de drap de poil de chèvre, laquelle servit de Temple portatif et aussi d'abri temporaire à l'Arche. La description extrêmement détaillée du Tabernacle occupe la totalité du chapitre XXVII de l'Exode.

TABLIER: du latin *tabula, planche* (tiens?). Les Franc-Maçons portent symboliquement un tablier, comme signe de leur détachement des choses profanes et en souvenir du vrai tablier de leurs ancêtres opératifs. Une expression particulière se rattache à ce mot, celle de *maçon sans tablier,* c'est à dire un homme dont la tolérance, le détachement, l'élévation spirituelle, l'absence de vanité, de prétention et de dogmatisme en feraient un Maçon s'il était initié. Mais les Maçons eux-mêmes ne sont que des hommes, et la meilleure sélection laisse parfois passer des brobis galeuses. C'est pour cela que, malheureusement, il existe aussi des *tabliers sans maçon.* Voir **MÉTAL.**

TABOR (tav, beth, vav, resh): colline en Galilée (Juges IV–6), sacrée depuis l'aube de l'histoire. Elle fut sélectionnée en 348 E.V. par l'Évêque Cyrille de Jérusalem comme siège officiel de la Transfiguration. Selon une tradition maçonnique rapportée par V., ce mot serait aussi le nom de l'un des trois meurtriers. Selon une autre tradition, ce serait le nom du surveillant des ouvriers originaires de la tribu de Gad. Bien entendu, il n'existe pas d'équivalent biblique de ce personnage. Voir aussi **EDOM** et **TOFFET.**

TALJAHAD: voir **TAL YAKHAD.**

TALLIUD: mot suspect, donné par certains rituels comme étant le nom de l'Ange de l'Eau. C'est sans doute un nom magique, angélique ou même démoniaque, tiré de l'un des nombreux volumes de magie publiés suite à l'apparition du Sepher Raziel en 1701. Le mot a été probablement concocté à partir des mots hébreux **TAL** (tet, lamed), *rosée* (Gén.

T

XXVII–28) et **IOD***. N'existe pas en tant que mot composé dans la langue hébraïque, ni dans les Écritures. Sans doute inventé ad–hoc.

TALMON (teth, lamed, mem, [vav], noun): *oppresseur, violent* (1 Chr. IX–17).

TAL YAKHAD (teth, lamed, – iod, kheth, daleth): ce mot suspect, donné par V. de préférence à **TALLIUD***, est aussi supposé être le nom de l'Ange de l'Eau selon certains rituels. C'est sans doute un nom magique, angélique ou même démoniaque, tiré de l'un des nombreux volumes de magie publiés suite à l'apparition du Sepher Raziel en 1701. Visiblement concocté à partir des mots hébreux **TAL** (tet, lamed), *rosée* (Gén. XXVII–28), et **IAKHAD** (iod, kheth, daleth), *ensemble* (Gén. XIII–6). Encore moins crédible que **TALLIUD***.

TAU: **T**, lettre de l'alphabet grec, et par extension les divers types de **CROIX*** ayant une forme semblable. Il est très probable que la Croix de la Crucifixion ait été un **TAU** plutôt qu'une croix latine. La première mention du **TAU** dans la Bible serait, selon les sources traditionnelles, lors de l'épisode du **SERPENT* DE CUIVRE***. En effet, ce serpent aurait été monté sur un support en bois ayant la forme d'un **T** (Num. XXI–9). Noter que la Bible dit simplement *perche* et que la forme en **T** est uniquement traditionnelle. Voir **TAV** plus bas.

TAV: prononciation hébraïque correcte de la lettre du même nom. Signifie aussi *trait, note*. Dernière lettre de l'alphabet hébreu, correspond dans son symbolisme au *omega* grec.

TEBACH: déformation de **TEVAH** donnée par D. avec une traduction fautive: *meurtre.*

TEBET: voir **TEVETH**.

TEBEL: probablement une déformation de **TEVEL***, mais l'utilisation permet aussi de penser à une déformation de **TEVETH***.

TEKEL (tav, koph, lamed): *pesé.* Ce mot n'apparaît qu'une seule fois dans la Bible (Dan. VI–25/27), dans la phrase qu'un doigt invisible écrivit sur le plâtre du mur de la salle du festin de **BELSHAZZAR*** et que **DANIEL*** interpréta (Dan. VI–26).

TELMON: c'est une déformation de **TALMON***, donnée comme mot authentique par D. avec la traduction, parfaitement fausse aussi, de *présent de rosée.*

TÉMÉLIOS: du mot grec *themelios*, qui signifie *base, fondation, fondement*, mais surtout *pierre angulaire*. Fut utilisé dans certains rituels pour *pierre brute.*

TEMPLE: la Bible utilise deux termes hébreux pour ce remarquable bâtiment: **HEKHAL** (hé, iod, kaph, lamed), *palais, temple* (1 Sam. I–9), ou **BAYITH**

(beth, iod, tav), *maison* (2 Rois XI-10), le premier étant plus ancien et sept fois plus fréquent que le second dans l'Ancien Testament. Dans le Nouveau Testament, le terme est grec: *hieron*, édifice saint ou sacerdotal (Mat. IV-5). Le Temple que le Roi **SHELOMO*** bâtit à Dieu, sur une colline au Nord de sa capitale **JERUSALEM*** (le **MONT MORIAH*** dans la légende mais le mont Sion dans la réalité) qui fut détruit par les Babyloniens, reconstruit une première fois par **ZERUBAVEL***, puis par Hérode le Grand, détruit une dernière fois par Titus en 70 E.V., puis rasé par Hadrien en 135 E.V. Espace consacré par excellence, ce Temple constitue la base symbolique d'une large partie du REAA, tissé autour de ses proportions géométriques, des outils qui furent requis pour sa construction, des péripéties diverses et des détails légendaires qui entourèrent celle-ci, des origines, de la vie et de la mort de ses fondateurs et architectes, constructeurs et décorateurs, accessoiristes et défenseurs; enfin, de sa destruction et de sa reconstruction. Quant à son aspect biblique, ce n'est qu'une étude approfondie des livres de Samuel, des Rois, des Chroniques, d'Ezra, de Néhémie, d'Ezéchiel, de Daniel, du traité Middoth du Talmud et de certains Apocryphes qui pourrait en donner une meilleure compréhension. Ensuite, ceux qui atteindront les stades initiatiques requis auront la possibilité d'en percevoir les aspects symboliques, mythiques, légendaires (dans le sens de l'aggada) et traditionnels, parfois très divergents des aspects purement scripturaux et n'ayant plus trait à un Temple de bois et de pierre, de bronze, d'or et d'étoffes.

TEMPLIER: membre de l'Ordre des Pauvres Chevaliers du Christ et du Temple de Salomon (*pauperes commilitones Christi templique Salomonici*), autrement connu sous le nom d'Ordre **TEMPLIER**, ou l'Ordre lui-même. Créé en l'an 1119 à Jérusalem par neuf chevaliers croisés français dont Hugues de Payns, qui fut son premier Grand Maître, et Godefroi (ou Geoffroy) de Saint-Omer. Soutenu par Saint Bernard de Clairvaux, en 1128, lors du Concile de Troyes. St. Bernard en dit notamment ceci: *Une nouvelle Chevalerie est apparue dans la Terre de l'Incarnation... Le Chevalier est vraiment sans peur et sans reproche, qui protège son âme par l'armure de la foi, comme il couvre son corps d'une cotte de mailles. Doublement armé, il n'a peur ni des démons ni des hommes.* L'Ordre fut dissous par le Concile de Vienne en 1312 et disparut de l'histoire à Paris, en Mars 1314, suite à la mort sur le bûcher de son 22e et dernier Grand Maître, **JACQUES* de MOLAY*** (après un procès qui eut sans doute très peu en commun avec la justice telle que nous la concevons) de par la volonté réunie de Philippe IV le Bel, roi de France et de Clément V, Pape en Avignon. Des centaines de volumes furent écrits sur les relations (très peu documentées) ou une filiation, possible mais improbable et encore moins documentée entre Templiers et Maçons opératifs. Tout ceci n'empêcha pas certains grades du REAA de s'en réclamer directement. Il est aussi important de savoir que la vraie connaissance du rituel Templier et surtout de son contenu ésotérique s'est perdue avec la mort des dirigeants de l'Ordre. Pratiquement tout ce que nous en

T

savons aujourd'hui ne nous arrive qu'au travers des écrits de ses détracteurs. En dépit des recherches sérieuses dues à des gens très sérieux, notre connaissance de l'ordre Templier et surtout de sa tradition initiatique reste plus que lacunaire. Durant les siècles qui suivirent sa disparition, des ordres pseudo- et para-templiers furent créés par milliers à travers la France et le monde, pour des raisons surtout vénielles frisant parfois l'escroquerie. Ce jour, en 1988, il existe en France environ 250 de ces "ordres", se disant tous authentiques.

TENGU: initiales d'un groupe de mots spécifiques à un certain degré. Voir **SALIX NONI TENGU**.

TENY: le nom est tellement déformé qu'il est impossible d'en deviner l'origine. A la limite, il pourrait s'agir d'une déformation de **T'NI** (tav, noun, iod), impératif féminin, *donne, femme!* du verbe **NATAN** (noun, tav, noun), *donner*. Selon une tradition, le surveillant des ouvriers de la tribu de Siméon. Bien entendu, il n'existe pas d'équivalent biblique de ce personnage.

TERCY: peut-être **TERTZI** (tav, resh, tsadik, iod), *ma justification*. Hébreu post-biblique. Selon une tradition rapportée par V., ce serait un des trois meurtriers, Voir aussi **ELECHIOR** et **JOHABEN**. Il existe dans la tradition et dans les anciens rituels de nombreuses triades de ces meurtriers symboliques.

TERRE: **ADAMA*** en hébreu, un des quatre éléments des anciens, correspondant à la matière (parfois à la matière première), à la réalité concrète, au fondement obligatoire et inévitable de toute édifice, aussi exalté soit-il. Le premier élément de la purification initiatique. Est rencontré dans le symbolisme du REAA et surtout dans le domaine des rites d'initiation.

TESLA CADES: terme donné par D. C'est sans doute une déformation extrème de **TSEDAKAH***.

TETRACTYS: terme d'origine grecque pouvant être (et ayant été) interprété de plusieurs façons. *tetras*, bien entendu, veut dire *quatre*; la seconde partie du mot vient selon certains de *ktysis*, *fondation, action de fonder*, selon d'autres de *aktis*, *rayon, éclat rayonnant*. Dans le symbolisme maçonnique, comme dans d'autres systèmes ésotériques, c'est le nombre quaternaire, c'est à dire le nombre 10, formé par l'addition des quatre premiers nombres, soit 1+2+3+4=10, fondement de toutes choses selon la doctrine pythagoricienne (Pythagore: Carm. Aur. 47; Plutarque: M. 381; Lucien: Philopatr. 12 – CG). C'est aussi un nom parfois donné au **TETRAGRAMMATON*** et à la **CROIX***.

TETRAGRAMMATON: mot grec voulant dire *les quatre lettres*. Il s'agit bien entendu de iod, hé, vav et hé: **YAHVÉ***, le nom principal et ineffable de Dieu dans la tradition hébraïque et plus tard dans la tradition ésotérique.

TEVAH (tav, beth, hé): *bateau, boîte, vaisseau* (Gén. VI-14). En ce qui nous concerne, il s'agit très spécifiquement de l'**ARCHE DE NOE***.

TEVEL (teth, beth, lamed): *baptême,* ou (tav, beth, lamed), *monde, univers* et aussi *perversion, inceste.* C'est un mot qui a de nombreuses interprétations et qui a donc servi de nombreuses fois dans divers écrits ésotériques et maçonniques.

TEVETH (tet, beth, tav): *hiver;* le nom du dixième mois, allant de la première nouvelle lune de janvier à la première nouvelle lune de février (Esther II-16).

TEVOUNAH (tav, beth, vav, noun, hé): *compréhension* ou encore *connaissance* (Ex. XXXI-3).

THABOR: voir **TABOR**.

THEBOUNAH: voir **TEVOUNAH**.

THIRSCHATHA: voir **HA-TIRSHATHA**.

THOPHEL: c'est un mot sans signification aucune donné par D. avec une traduction factice *(ruine),* de préférence à **TOPHET*** qui est, lui, tout à fait valable. Il s'agit très certainement d'une mauvaise lecture ou d'une mauvaise orthographe du même mot.

THORA· voir **TORA**.

THUHANX: pas d'origine ou de signification connue. Peut-être extrait de l'un des multiples écrits magiques et ésotériques qui suivirent la publication du Sefer Raziel.

THUILLEUR: voir **TUILEUR**.

TIFERET ou TIFARA (tav, pé, aleph, resh, [tav ou hé]): *gloire* ou *beauté* (1 Chr. XXII-5). La sixième **SEPHIRA***.

TIPHERET ou TIPHERETH: voir **TIFERET**.

TITO: traditionnellement, mais non bibliquement, prince des **HARODIM***, les surveillants des ouvriers sur le chantier du Temple; pourtant ce n'est pas un mot hébreu. Selon V., il s'agirait une corruption de l'hébreu **AKHITOV***, ce qui est possible à la rigueur. Selon une autre tradition, ce serait le surveillant des ouvriers de la tribu de Nephtali. C'est difficile à dire. Bien entendu, il n'existe pas d'équivalent de ce personnage dans les Écritures, à moins que le nom ne vienne (ce qui

T

est tout aussi improbable) de l'Évangile dans sa traduction espagnole, où **TITO** est le nom donné à **TITUS,** un disciple de Saint Paul souvent mentionné dans les Épîtres.

TOFFET: voir **TOPHET.**

TOPHET (tav, pé, tav, [hé]): *autel.* Un lieu au sud de Jérusalem, dans la vallée de Hinnom ou **GAÏ HINNOM.** On y aurait sacrifié des enfants à **MOLOCH***** au temps des Jébuséens, selon des légendes tenaces (mais invérifiées selon les historiens et les archéologues) et selon les prophètes d'Israël, mais non selon le livre des Rois, le Lévitique ou Deutéronome, qui sont bien plus anciens. En revanche, on y a plus tard brûlé ou enterré des cadavres d'animaux et des ordures diverses (2 Rois XXIII-10). Ce précipice pestilentiel et enfumé, où des feux brûlaient depuis des siècles, fut utilisé par maints prophètes comme le parfait exemple du lieu où les âmes pécheresses allaient souffrir après la mort. **GAÏ HINNOM** devint **GUEHENNOM** puis **GÉHÈNNE.** Selon une des multiples traditions à ce sujet rapportées par V., ce serait le nom de l'un des trois meurtriers. *Se non è vero è ben' trovato.* Voir aussi **EDOM** et **TABAOR.**

TORA (tav, vav, resh, hé): *enseignement, loi.* Les cinq premiers livres de la Bible, dits de Moïse (le Pentateuque). Probablement très anciens et initialement transmis par voie orale, leur forme actuelle date du prophète **EZRA*****. La totalité du texte de la Tora constitue le nom le plus complet de Dieu selon la tradition hébraïque et, de par celà, le commencement de bien de choses.

TOUBAL CAÏN ou **TUBAL CAÏN:** déformations de **TOUVAL CAÏN*****.

TOUB BAHANI HAMAL ABEL: déformation de **TOV BA'ANI 'AMAL AVAL*****.

TOUB BANAI AMALABEC: déformation de **TOV BA'ANI 'AMAL AVAL*****.

TOUB BANGANI NGAMAL ABAL: déformation de **TOV BA'ANI 'AMAL AVAL****

TOUHBAHANI HAMAL HABEL: déformation de **TOV BA'ANI 'AMAL AVAL*****.

TOUMIM (tav, mem, iod, mem): *perfections* (Ex. XXVIII-30). Il s'agit apparemment de certaines "figures" symboliques gravées dans l'**EPHOD*****. Voir **OURIM***** **VE'TOUMIM*****.

TOUVAL CAÏN (tav, vav, beth, lamed, – koph, iod, noun): le fils de Lemech et de Tzilla et descendant de **CAÏN***** (pron. Cahine), *forgeron de tous instruments de fer et de bronze* (Gén. IV-22). V. (et autres auteurs) traduisent ce nom par *possessions mondaines*; c'est peu convaincant, et la signification précise de ce mot reste l'une des énigmes de l'exégèse biblique. Tubal (Touval) est un terme générique très ancien pour *faure,* *faiseur, fabricant*, de la racine (iod, beth, lamed). *apporter. produire.* C'est aussi un terme canaanéen pour javelot. Caïn, comme l'arabe *qayin*, vient du chaldéen et veut dire *forgeron, travailleur des métaux.* Les allitérations avec Vulcain, elles aussi, ne sont probablement pas dénuées de fondement, car Touval-Caïn fait partie du fonds, commun à l'humanité toute entière, de dieux et demi-dieux du feu et des métaux, souterrains et boîteux. Notez les noms des parents de Touval Caïn qui, s'ils sont coïncidentels (mais y aurait-il des coïncidences dans le texte biblique?) sont particulièrement bien trouvés: **LEMECH***, *force, sauvage*, et **TZILLA**, *ombre*.

TOV BA'ANI 'AMAL AVAL: phrase traduite selon la tradition par *avez bon coeur, courage*, ce qui ne correspond pas à la réalité. V., quant à lui, dit *il est vraiment bon de récompenser le travail*, mais c'est inexact aussi. De même pour l'interprétation de D., qui dit *le travail soulage le malheureux dans l'affliction* (l'opium du peuple, ou éventuellement *Arbeit macht frei*, quoi!). Une bonne traduction possible serait *Il est bon de travailler dans la pauvreté*, mais il faut noter que tout ceci est **très** peu convaincant; c'est du mauvais hébreu, une mauvaise syntaxe. Ce n'est nullement une phrase biblique et nous la devons très probablement à un hébraïsant de fortune ou même (pourquoi pas?) à un facétieux.

TRES ILLUSTRE: de **TRES** qui est évident et d'**ILLUSTRE**, *qui éclaire*. Du latin *lustrare, éclairer*, à travers *illustris, lumineux.* Titre des Frères à un certain degré.

TRES PUISSANT: le titre du premier officier de la Loge à deux degrés rouges du Rite Écossais.

TRES SAGE: nom du premier officier de la Loge à un certain degré rouge du Rite Écossais.

TSADIK (tsadik, daleth, koph): *juste, droit. rigide* (Gén. VI-9). Vient de **TSEDEK***. Un autre nom de la neuvième **SEPHIRA***. Voir aussi **YESOD-'OLAM**.

TSADOK (tsadik, daleth, [vav], koph): *juste, droit* (2 Sam. VIII-17). Vient de **TSEDEK***. Grand Prêtre au temps de David, premier d'une dynastie de Grands Prêtres qui ne s'éteignit qu'avec le Temple.

TSALAPH (tsadik, lamed, pé): *fouet, fouetteur.* Un membre d'une classe d'anges, les **TSALAPHIM**. Terme non biblique mais provenant d'angélologies et de démonologies anciennes, popularisées par celles apparues au 18e siècle suite à la publication du Sepher Raziel, comme les "Clavicules de Salomon".

TSAPHIEL (tsadik, pé, iod, aleph, lamed): *l'observation. la contemplation de Dieu.* De **TSAPHA** (tsadik, pé, hé), *observateur* (1 Sam. XIV-16). Nom de l'un des **KEROUVIM***. Pas mentionné dans la Bible elle-même, mais provenant sans doute des angélologies et des démonologies apparues au 18ᵉ siècle suite à la publication du Sepher Raziel.

TSEDAKAH (tsadik, daleth, koph, hé): *justice.* Transformation féminine du mot **TSEDEK***, qui a la même signification. La Kabala utilise parfois, pour des raisons symboliques, des formes masculines et féminines du même mot.

TSEDEK (tsadik, daleth, koph): *justice.*

TSEPHANIAH (tsadik, pé, noun, iod, hé): *Dieu est ténèbres, Dieu est protection, Dieu est du Nord.* Plusieurs personnages de la Bible portèrent ce nom. Celui qui nous intéresse est probablement celui qui est mentionné dans (2 Rois XXV-18). Le mot vient de **TSAPHON** (tsadik, pé, noun), qui veut dire autant *ténèbres* que *Nord* (le point cardinal). Pratique pour les symbolistes.

TSIDONI (tsadik, iod, daleth, noun, iod): *chasseur* ou *habitant de Sidon* (Deut. III-9). Selon V., les habitants de Sidon étaient réputés pour leur science dans la coupe du bois, mais la Bible n'en dit rien. Il se peut qu'il y ait relation avec certains systèmes initiatiques forestiers.

TSOFÉ (tsadik, vav, pé, hé): *observateur, voyant, prophète.*

TSOFIM (tsadik, vav, pé, iod, mem): la forme plurielle de **TSOFÉ***. Le nom de l'une des collines de Jérusalem, **HAR HA'TSOFIM**, hellénisé plus tard en Mont Scopus (ce qui veut dire la même chose).

TSOFIN (tsadik, vav, pé, iod, noun): la forme plurielle araméenne de **TSOFÉ***.

TSOHIM: sans doute une déformation de **TSOFIM***.

TSOÏM: sans doute une déformation de **TSOFIM***.

TUILER: vérifier l'appartenance de ceux qui pénétrent dans une loge; voir **TUILEUR**.

TUILEUR: mot récent (18ᵉ siècle). Le mot ancien est **TUILIER** (13ᵉ siècle). Les deux viennent à travers **TUILE** du latin *tegula*, même sens, de *tegere, couvrir*. Nom d'un officier de la loge. Aussi, ouvrage traitant des rituels des divers degrés et rites.

TZEDAKAH: voir **TSEDAKAH**.

U

UKAL: Voir 'AKAL.

UPHARSIN ou U-PHARSIN: c'est la forme articulée du mot PARSIN*. L'un des mots de la phrase mystérieuse MÉNÉ MÉNÉ TEKEL U-PHARSIN* que le doigt d'une main invisible écrivit sur le mur de la salle où se tenait le festin de BELSHAZZAR et qui fut interprétée par DANIEL* (Dan. VI-25).

UR (aleph, vav, resh): *ville* en sumérien, *lumière* ou *brillance* en hébreu. Se prononce OUR. Très ancienne cité du nord de la Mésopotamie, entre Babylone et le golfe Persique, ayant appartenu d'abord aux Sumériens, puis aux Chaldéens, ensuite aux Babyloniens. Le lieu d'origine des Patriarches (Gén. XI-28). Voir aussi OR, 'OR et OUR.

URIEL: Voir OURIEL.

URIM-ET-THUMMIM: voir OURIM VE'TOUMIM.

U.T.O.S.A.G.: acronyme de la phrase latine *Universi Terrarum Orbis Summi Architecti Gloriam*, ce qui signifie en réalité *à la gloire du Suprême Architecte du disque de toute la Terre* et, selon la tradition maçonnique, *à la gloire du Grand Architecte de l'Univers*.

U.T.O.S.A.G.A.I.: l'acronyme de la phrase latine *Universi Terrarum Orbis Summi Architecti Gloriam Ad Infinitum*. Son sens réel est *à la gloire du Suprême Architecte du disque de toute la Terre, pour l'Éternité* et, traditionnellement en Franc-Maçonnerie, *à la gloire du Grand Architecte de l'Univers, pour l'Éternité*.

U.T.O.S.A.G.I.: acronyme de la phrase latine *Universi Terrarum Orbis Summi Architecti Gloriam Ingentis*. Veut dire en réalité *à l'immense gloire du Suprême Architecte du disque de toute la Terre* et, traditionnellement, *à la grande gloire du Grand Architecte de l'Univers*.

'UZ (aïn, vav, zaïn): *fermeté* (Gén. X-23). voir BO'OZ.

UZAÏ (aleph, vav, zaïn, iod): *espéré* (Néh. III-25). Voir OSÉE, HOUZÉ, HUZZA.

'UZZA (aïn, zaïn, aleph): *force, puissance* (2 Sam. VI-3). Voir OSÉE, HOUZÉ, HUZZA.

'UZZAH (aïn, zaïn, hé): orthographe différente mais même sens que 'UZZA, ci-dessus.

V

VAINCRE OU MOURIR: voir **VINCERE AUT MORI** ci-dessous, dont cette phrase n'est que la traduction en français.

VALLÉE: utilisé a certains degrés pour donner la position géographique de la Loge, tout comme **ORIENT***, **ZÉNITH*** et **CAMP*** à d'autres degrés. On peut d'ailleurs se demander si ce mot vient effectivement du latin *vallis*, *vallée*, plutôt que de *vallum*, *rempart*, autrement plus seyant pour des chevaliers. Voir **VALLÉES** ci-dessous.

VÉNÉRABLE: mot très ancien dérivé du latin *venerabilis*, *qui mérite le respect*. Titre du président de la loge à certains degrés et qualificatif des officiers à d'autres degrés.

VALLÉES: c'est le nom des colonnes, aux mêmes degrés que pour **VALLÉE**, ci-dessus.

VÉRITÉ: *qu'est-ce que la vérité?* (Jean XVIII-38). Nom d'un officier à un certain degré.

VINCERE AUT MORI: du latin, bien entendu; *Vaincre ou Mourir*. Une des nombreuses devises chevaleresques qui ont été adoptées par plusieurs degrés écossais.

VINGT: voir **'ESRIM**.

VINGT TROIS: voir **'ESRIM VESHALOSH**, dont c'est la traduction littérale.

VIRTUTE ET SILENTIO: latin; *dans* ou *en vertu et silence*. Communément mais incorrectement traduit par *vertu et silence*. Une autre devise chevaleresque adoptée par le REAA.

VITRIOL: du bas latin **VITRIOLUM***, diminutif de *vitrum*, verre. Nom donné jadis à tous les sulfates, mais plus particulièrement au sulfate do cuivre cristallisé naturel (SO₄Cu), vitriol de Chypre, qui intéressait énormément les alchimistes, et aussi à l'acide qui pouvait en être extrait, l'acide sulfurique (SO_4H_2). Divers symbolismes, dont celui de la Franc-Maçonnerie à travers les traduction d'oeuvres alchimiques du 15ᵉ et 16ᵉ siècle, en ont fait l'acronyme de plusieures phrases semblables dont la plus connue est bien sûr **VISITA INTERIORA TERRÆ, RECTIFICANDO INVENIES OCCULTUM LAPIDEM**, latin pour *visite l'intérieur de la terre, en rectifiant tu trouveras la pierre cachée.*

VITRIOLUM ou VITRIOLVM: bas latin, diminutif de *vitrum*, verre. La forme latine de **VITRIOL*** et la plus intéressante en ce qui nous concerne, car elle est acronyme de **VISITA INTERIORA TERRÆ, RECTIFICANDO INVENIES OCCULTUM LAPIDEM, VERAM MEDICINAM** (U et V étaient la même lettre en latin), c'est à dire *visite l'intérieur de la terre, en rectifiant tu trouveras la pierre cachée, vraie médecine* ou plutôt *vraie opération.*

131

V

VIVAT: latin; *vive, que vive!*

VIVAT, VIVAT, SEMPER VIVAT : latin; *que vive, que vive, que vive toujours!* Ancienne acclamation maçonnique, empruntée aux romains et sans doute plus ancienne que les diverses versions du **HUZZA***. Existe toujours dans certains rites et obédiences.

VOUTE: du latin populaire *volvita*, participe passé de *volvere, rouler*. Se dit de tout plafond convexe, naturel ou artificiel. La voûte et son symbolisme jouent un rôle important dans la Maçonnerie, surtout dans la Maçonnerie d'Arche (voir **ARCHE ROYALE** et **ARCH MASONRY**).

VOUTE ETOILEE: partie de la décoration de la loge à certains degrés. Selon certains auteurs, un symbole du Cosmos. Selon certains autres, référence à ce que, jadis, les réunions Maçonniques auraient eu lieu à ciel ouvert. Moins probable. Enfin, référence à certains rituels qui affirment que la loge se réunit "sous la voûte étoilée". Il me semble que la meilleure explication soit la première, car la loge ne s'étend-elle pas jusqu'au **NADIR*** ?

VOUTE SACREE: nom de la Loge à un certain degré.

WHAT SHALL WE DO WITH THE STONE?: *Que ferons-nous de la pierre?* Un des très rares mots anglais au sein du Rite Écossais ancien. Il est pratiquement certain que l'inspiration du degré vient de la Bible (Psa. CXVIII-22): *"La pierre que les bâtisseurs rejetèrent est devenue la pierre d'angle"*. Cette phrase est d'ailleurs reprise par l'Évangile selon Matthieu (Mat. XXI-42).

X

XERXES ou **XERCES**: forme hellénisée du Parsi *Khshayarsha*, "guerrier". Le nom de deux rois Achéménides de Perse. Xerxès 1er, le fils de **DARIUS*** 1er et le père d'**ARTAXERXES***, se fit retarder à Termopylæ par Léonidas, brûla Athènes, fut battu à Salamine, retourna chez lui pour régler les problèmes de son empire, paracheva le déclin de Babylone mais bâtit Persépolis. Pas mentionné dans les Ecritures, mais très apprécié dans la tradition hébraïque car peu tendre envers Babylone. Xerxès II, qui ne régna que 45 jours, est sans intérêt.

XINCHEU: pas de traduction ou d'explication connue pour l'instant. Cela ressemble à du chinois, mais c'est probablement un leurre. Il se peut que le mot vienne de l'un des multiples ouvrages d'ésotérisme et de magie qui suivirent en Europe la publication du Sefer Raziel.

YA VAURUM AMEN ou **HAMEN**: déformation de **YA'AVOROU HAMAÏM***.

YA'AVOROU HAMAÏM (iod, aïn, beth, resh, vav, – hé, mem, iod, mem): *les eaux passeront*, ou éventuellement *ils passeront par dessus l'eau.* Cette expression, assez fréquente dans la Bible, y symbolise souvent une décision sans retour (alea jacta est?). De **YA'AVOR** (iod, aïn, beth, resh), il passa (Gén. XII–6), et de **MAÏM***. C'est d'ailleurs en général et dans toutes les traditions que le passage par dessus les eaux (ou inversement un déluge) signifie renaissance, rupture totale et définitive avec le passé.

YAFFA (iod, pé, hé): *la belle* (ou *la haute*, si c'est un nom philistin). Sans doute c'est le nom hébreu qui est le bon; le rocher de Yaffa ne fait pas plus de 50 mètres de haut! Nom du port méditerranéen (Josué XIX–46), une des villes les plus anciennes du monde (env. 5000 ans avant l'E.V.) à être habitées sans aucune interruption jusqu'à notre époque et point côtier le plus proche de Jérusalem. C'est là que fut déchargé le bois de cèdre que le roi Hiram envoyait au roi Salomon, par radeaux depuis Tyr, pour la construction du Temple. Une certaine tradition dit que dans une caverne, près de Yaffa, **YEHOHABEN*** trouva et tua un assassin. Selon une autre légende, qui est sans doute bien plus ancienne, ce fut près de Yaffa qu'Andromède, fille du roi Céphée, attachée à un rocher en sacrifice à un monstre marin, fut délivrée par Persée.

YAFFO (iod, pé, vav): en hébreu, *sa beauté* (*haut*, en philistin); voir **YAFFA**.

YAH (iod, hé): un des noms de Dieu (Psa. LXVIII–4). Le nom d'une des neuf arches supportant une voûte, dans la tradition maçonnique. V. dit *Dieu de force.*

YAHEV (iod, hé, vav): *celui qui donne.* V. dit *celui qui concède.* Un des noms de Dieu. Post-biblique. Provient sans doute de la tradition kabalistique.

YAHO (iod, hé, vav): un des noms de Dieu. Non-biblique. V. dit *celui qui existe.* C'est aussi le nom de l'une de neuf arches supportant une voûte, dans la tradition maçonnique.

YAHOBEN (iod, hé, vav, beth, noun): *fils de Dieu.* Voir aussi **YEHOHABEN**.

YAHVÉ (iod, hé, vav, hé): un des noms de Dieu, le tétragramme ineffable de la tradition hébraïque. Contrairement à une opinion répandue, le mot apparaît tard dans la Bible, lorsque Dieu se nomme pour la première fois à Moïse (Ex. VI–3) et peu souvent: exactement 27 fois, dont 18 dans les Psaumes. Sa traduction est bien entendu inconnue; sa prononciation exacte reste en fait aussi un mystère total, car ce que le Grand Prêtre prononçait une fois par an dans le Saint des Saints

Y

pouvait être tout aussi bien une phrase ayant comme acronyme le Tétragramme Sacré qu'une transposition (gématrielle par exemple) des caractères en un autre mot, une operation de témoura ou tout autre codage imaginable. Seulement deux personnages historiques (ou légendaires?), assez récents d'ailleurs, furent réputés en connaître la vraie prononciation: Israël Baal Shem Tov, fondateur malgré lui du Hassidisme, et Rabbi Yehouda ben Betsalel Loew de Prague, créateur du Golem. **YAHVÉ** est souvent et traditionnellement traduit par *Je suis Celui qui est* ou *qui suis*, parce que le Seigneur lui-même utilise le terme en s'adressant à Moïse sur le Mont **SINAÏ*** (ou Horev? Ex. III-14), mais cette traduction est difficile à défendre du point de vue grammatical ou étymologique. Selon CG, **YAHVÉ** ou **YEHOVAH** aurait été jadis, du temps des opératifs, le mot que l'on donnait en réponse à **MA-HABONEH***, qui fut perdu par la suite mais retrouvé dans un autre contexte.

YAKIN (iod, kaph, iod, noun): *ferme, stable, établi*. Une des deux colonnes que le maître et artisan **KHIRAM***, fils de la veuve de Tyr, fondit pour le Temple de Salomon (1 Rois VII-21). Aussi, le nom du troisième fils de Simon (ou plutôt Shim'on), petit-fils de Jacob (plutôt Ya'akov, Gén. XLVI-10).

YAKINAI (iod, kaph, iod, noun, aleph, iod): de **YAKIN***; peut être traduit comme *ma fermeté/stabilité*, comme *Dieu est ferme/stable* ou comme *établi par Dieu*. MBC le traduit par Shekhina, *présence Divine*. Ce n'est pas, comme on tend parfois à le croire, le pluriel de **YAKIN**, qui est **YEKHINIM**. Le terme n'est pas biblique, il provient de la tradition kabalistique.

YAM (iod, mem): *mer* (Gén. I-10).

YAPHÉ (m.) ou **YAPHA** (f.) (iod, pé, hé): *beau, belle* (1 Sam. XVI-12).

YAPHO ou **YAPHA**: voir **YAFFO** ou **YAFFA**.

YAVIN (iod, beth, iod, noun): *intelligent*; de **HEVIN** (hé, beth, iod, noun), *comprendre*. Un roi de Hatzor vaincu par Josué près du lac de Mérom (Jos. II-1). Aussi un mot utilisé, peut-être à tort, à la place de **YAKIN***.

YEHEZKEL (iod, hé, zaïn, koph, aleph, lamed): *Dieu est fort* (Éze. I-3). Un prêtre et prophète de l'exil babylonien, emmené à Babylone lors de la première vague de déportations en 598 a.l'E.V. et probablement le plus grand prophète d'Israël, car ses paroles sont encore étudiées de nos jours. Ses visions et ses prophéties sont à la source de la **KABALA*** (à travers les méditations et spéculations sur la **MERKAVA**) et, à travers elle, de la plupart des mouvements mystiques et occultistes du monde occidental.

Y

YEHOHABEN (iod, hé, vav, hé, beth, noun): *fils de Dieu*. Terme post-biblique.

YEHOHAVER (iod, hé, vav, kheth, beth, resh): *ami de Dieu*. Se prononce *yehohaverre*. Post-biblique.

YEHOIAD'A (iod, hé, vav, iod, daleth, aïn): *Yah sait* (2 Sam. VIII-18). Le père de Benaïah, un des officiers de David.

YEHORAM (iod, hé, [vav], resh, mem): *Dieu est élevé* (2 Rois VIII-16). C'est une des variantes de la prononciation du nom d'**HIRAM***. Voir aussi et dans le même contexte **IORAM** et **YORAM**.

YEHOSHU'A (iod, hé, shin, aïn ou iod, hé, shin, vav, aïn): *Dieu est sauveur.* Voir (Nb. XIII 8-16) et (Deut.XXXII-44). Le général de Moïse mais surtout (et en ce qui nous concerne) le Grand Prêtre lors de la reconstruction du Temple de Jérusalem par **ZERUBAVEL*** lors du retour de l'exil babylonien.

YEHOU (iod, hé, vav): l'une des permutations du tetragramme sacré. Aussi, diminutif de **YEHUDAH***. Avec l'orthographe (iod, hé, vav, hé), *il est Dieu*. Avec (iod, hé, vav, aleph), *[homme] de Dieu*. C'est un nom courant dans la Bible (1 Chr. II-38, etc.).

YEHOVAH: le nom couramment utilisé lans la littérature occidentale pour vocaliser **YAHVÉ***.

YEHUDAH (iod, hé, vav, daleth, hé): nom du quatrième fils de Jacob et Léa; nom de la tribu; nom du pays (la Judée) qui fut initialement attribué à la tribu. Probablement dérivé de **YHUDA** (iod, hé, vav, daleth, aleph), *union* en araméen. Dans Gén. XXIX-35, la Bible semblerait lui donner le sens de *louange*. *Dieu guidera* en est une autre traduction valable. Le nom, très commun, est cité des dizaines de fois dans la Bible et reste encore très courant de nos jours.

YEPHET (iod, pé, tav): *agrandit, beauté*. Troisième fils de Noé (Gén. V-32), plus connu sous le nom de **JAPHET**; l'un des trois ancêtres de l'humanité post-diluvienne et, très spécifiquement, de tous les peuples du Nord et de l'Ouest à travers ses sept fils. Selon Y. ce serait peut-être le modèle de *Iapetus* (ou *Japetus*), qui fut considéré par les Grecs comme l'ancêtre de la race humaine.

YESH'AYAHOU (iod, shin, aïn, iod, hé, vav): *Yah es celui qui aide*. Le fils d'Amos et un des grands prophètes d'Israël (en français c'est **Isaïe**). **YESH'AYAHOU** est aussi le vrai nom de **JÉSUS***.

YESHU'A (iod, shin, vav, aïn): *Dieu est sauveur (rédempteur)* (1 Chr. XXIV-11). Nom assez commun dans la Bible.

YESHU'AH (iod, shin, vav, aïn, hé): *salut, rédemption* (Gén. XLIX-18).

Y

YESOD (iod, samekh, vav, daleth): *fondation* (2 Chr. XXIII-5). La neuvième **SEPHIRA***.

YESOD 'OLAM (iod, samekh, vav, daleth, - aïn, vav, lamed, mem): *fondation du monde, fondation de l'éternité.* De **YESOD*** et de **'OLAM**, *monde* ou *éternité* (Psa. LXXIII-12).

YOD (iod [vav, daleth]): un des noms de Dieu, unité du principe créateur, selon la Kabala. Aussi *main*, dans le sens de *main créatrice, souvenir et connaissance.* Fait partie avec **IVAH** et **YAHVE** d'un triangle sacré utilisé par les Kabalistes. Le nom de l'une de neuf arches supportant une certaine voûte.

YOPHI (iod, pé, iod): *beauté* (Esth. I-11).

YORAM: voir **IORAM, HIRAM, YEHORAM**.

YOVEL (iod, vav, beth, lamed): *jubilé, jubiler* (Lév. XXV-10). Un des noms de Dieu. Nom de l'une de neuf arches supportant une voûte.

YZIRIE: d'après V. et D., corruption d'**IZRACHIA***.

Z: c'est **ZIZ*** ou **ZIZA***.

ZABED: voir **ZAVED**.

ZABUD: voir **ZAVED**.

ZABULON: voir **ZEVOULOUN**.

ZACHARIE: voir **ZEKHARIAH**.

ZADIK: voir **TSADIK**.

ZANABORANE: l'origine de ce mot est assez difficile à identifier; il se peut que ce soit une corruption de **NEBOUZARADAN***.

ZANABOSANE: assez difficile à dire; il s'agit très probablement aussi d'une corruption de **NEBOUZARADAN***.

ZAPHIEL: voir **TSAPHIEL**.

ZARAÏAS: la forme hellénisée de **ZRAKHIA***.

ZARAKIEL: voir **ZRAKHIEL**.

ZAVED (zaïn, beth, daleth): *dot, cadeau, présent, don* (Gén. XXX-20) (MBC).

ZAZ: (zaïn, zaïn) *bouger, remuer.* C'est une expression post-biblique.

ZEBOUL: voir **ZEVOUL**.

ZEBULON: voir **ZEVOULOUN**.

ZEBULUM: voir **ZEVOULOUN**.

ZEKARIA: voir **ZEKHARIAH**.

ZEKHARIAH (zaïn, kaph, resh, iod, hé): *Yah s'est souvenu.* Nom courant dans la Bible; en ce qui nous concerne, l'un des douze "petits prophètes", contemporain de **HAGGAI*** et de **ZERUBAVEL*** lors de la reconstruction du Temple par ce dernier, à partir de 520 a.l'E.V. Zekhariah exhorta plusieurs fois Zerubavel ainsi que le Grand Prêtre Josué à hâter cette reconstruction.

ZENITH: du vieux français *cenith,* fausse lecture de l'arabe *simt* ou *semt, sentier, chemin* (au-dessus de la tête). Point se trouvant à l'opposé du **NADIR***, donc à une distance infinie vers le "haut" par rapport à l'endroit où on se trouve, dans le prolongement d'un fil à plomb. Symboliquement et par définition donc, point le plus "haut" que l'on puisse atteindre. Au Pôle Nord, bien entendu, le zénith se trouve

Z

à une distance infinie en prolongement de l'axe de la terre. Utilisé dans le symbolisme maçonnique pour définir les dimensions de la Loge ainsi que celles de l'Univers. Utilisé à certains degrés pour donner la position géographique de la Loge, tout comme **ORIENT***, **VALLÉE*** et **CAMP*** à d'autres degrés.

ZEOMET: d'après certaines traditions et selon V. l'un des trois meurtriers. Voir aussi **STERKIN, STOLKIN** et **ELEHAM**. C'est un terme non-biblique qui pourrait venir éventuellement de la phrase **ZE-HU-MET** (zaïn, hé; hé, vav, aleph, - mem, tav), *il est mort, celui-ci est mort, c'est le mort.*

ZER'A (zaïn, resh, aïn): *semence, semailles, progéniture* (Gén. I-11).

ZER'A BA'AL (zaïn, resh, aïn, - beth, aïn, lamed): *semence du Maître* (ou *de Baal*). De **ZER'A*** et de **BA'AL***.

ZERACHIA: voir **ZRAKHIA**.

ZERACHIEL: voir **ZRAKHIEL**.

ZERBAL: n'a pas de traduction généralement acceptée. Selon certaines traditions maçonniques, le nom du capitaine des gardes du roi Salomon. Pourrait être une déformation de **ZER'A BA'AL***, de **ZERUBAVEL*** ou, selon MBC, de **ZARAB** ou **ZARAV** (zaïn, resh, beth), *couler,* ou de **ZABEL** ou **ZAVEL** (zaïn, beth, lamed), *habiter, demeurer.* Sans mentionner **ZEBEL** ou **ZEVEL**, même orthographe: *fumier* (alchimistes intéressés?). V. dit **SHEREV YAH***; ce n'est pas très convaincant non plus. Selon une autre tradition, ce serait le surveillant des ouvriers de la tribu de Ruben (ou plutôt Reouven). Bien entendu, il n'existe pas d'équivalent biblique de ce personnage. Pourrait bien provenir des angélologies et démonologies apparues au 18e siècle, suite à la publication du Sepher Raziel, comme par exemple les Clavicules de Salomon.

ZERBAL, BENAGAL (ou **BENAGEL**), et **TABOR**: selon une tradition, ils rejoignirent **JOHABERT, STOLKIN, TENY, MORPHY, ALGUEBAR, NOIZON, KEREME, BERTAMER et TITO** pour faire un groupe de douze. Voir les mots séparément.

ZERUBABBEL: voir **ZERUBAVEL**.

ZERUBAVEL (zaïn, resh, vav, beth, beth, lamed): *semence de Babel* (Babylone); V. dit "dispersion de la confusion", ce qui est faux. Chef du retour à Sion (et reconstructeur du Temple) après l'exil babylonien avec le titre de **HA-TIRSHATHA***. Un fils de Pedaiah, selon 1 Chr. III-19, de **SHEALTIEL*** selon Ezra III-2. Plus probablement le fils de Pedaiah et le descendant de Shealtiel. Voir aussi **NEKHEMIAH**. Selon la tradition, un des douze chefs du peuple lors du retour de Babylone.

ZEVOUL (zaïn, beth, lamed): *demeure*. **BETH ZEVOUL**, *palais* (1 Rois VIII-13). Voir aussi **ZIBOUL**, même orthographe, autre signification.

ZEVOULOUN (zaïn, beth, lamed, vav, noun): de **ZEVOUL***, *demeure (de Dieu?)*. Nom de l'un des fils de Jacob (Gén. XXX-20), ainsi que de l'une des douze tribus, dont il fut l'ancêtre.

ZIBOUL (zaïn, beth, lamed): *répandre du fumier sur une terre* (alchimistes intéressés?). Expression post-biblique.

ZIZ (zaïn, iod, zaïn): *mouvement, flot, abondance* (Isaïe LXVI-11). MBC cite l'expression **ZIZ-SADAÏ**, le *grouillement de la faune des champs*, pouvant symboliser éventuellement un éveil à une nouvelle vie. C'est en spéculant à partir de cette expression qu'on a fait de **ZIZ**, selon le commentateur ou le traducteur, soit une bête sauvage, soit le nom d'un oiseau fabuleux (Y ou J: Ps. L-11), soit une araignée monstrueuse (J: Talmud Yerushalmi), etc. Autres interprétations: *une projection* ou *saillie au-dessus d'une porte, pouvant servir d'abri; rebord d'une fenêtre, formant un balconnet ou balustrade*. RO. dit aussi *brillance ou splendeur* (Ps. I-17).

ZIZA (zaïn, iod, zaïn, aleph): *saillie, proéminence*. Selon J., ce serait aussi une projection au dessus d'une porte, servant d'abri, ou rebord d'une fenêtre, formant balconnet ou balustrade. Y. dit *brillance* ou *éclat*. La forme **ZIZON** est très probablement une erreur, due à une représentation phonétique française de la prononciation anglaise de **ZIZA**. Voir les diverses traductions ci-dessus. **ZIZA** est donné traditionnellement comme *balustrade* (séparant le "Saint" du "Saint des Saints") ou *resplendissement*. Pour Littré et Bailly, le grec *balaustria* signifie *renflé comme une fleur de grenade avant l'éclosion*. La "balustrade" apparaît sur les anciens tableaux de loge, dont le premier connu, chez Pérau en 1745. C'est plutôt **ZOHAR** qui signifie en hébreu *splendeur ou rayonnement* (CG). Pour Tempestini (mais il a une très fertile imagination), **ZIZA** a le sens de *fertilité*. **ZIZA** peut aussi vouloir dire *coruscation*, un terme très peu fréquent et non biblique (deux apparitions dans le Talmud), *éclat vif, scintillant*, tel que l'*aspect de la surface d'un métal en fusion*. Le mot apparaît trois fois dans la Bible mais toujours en tant que nom propre (1 Chr. IV-37; 1 Chr. XXIII-10, 2 Chr. XI-20). Selon MBC, il y a en Afrique du Nord beaucoup de personnes prénommées Ziza, ce qui voudrait dire en arabe dialectal beauté (diminutif de *aziz, aziza*). Il n'est pas dit que nous soyons venus à bout de **ZIZA**.

ZIZA ou **ZIZAH** (zaïn, iod, zaïn, hé): *léger mouvement*. Y. dit aussi *brillance* ou *éclat*, comme pour **ZIZA** avec aïn. Il s'agit d'un terme post-biblique; Voir plus haut **ZIZA** avec une orthographe hébraïque différente.

ZIZON: voir **ZIZA**.

Z

ZOROBABEL: voir **ZERUBAVEL**.

ZOUZ (zaïn, zaïn): *bouger, remuer;* voir **ZAZ**. Terme post-biblique.

ZRAKHIA (zaïn, resh, kheth, iod, hé): *l'aube de Dieu* ou *Dieu est mon aube*. Autre forme de **ZRAKHIEL***. Deux personnages bibliques se nomment ainsi (1 Chr. VI-6), mais n'ont pas de traits communs avec les légendes du REAA. Voir aussi **IZRAKHIA**. Une alternative possible: nom magique ou angélique tiré de l'un des nombreux volumes de magie et Kabala opérative publiés à la suite de l'apparition, en 1701, du Sepher Raziel (Clavicules de Salomon?).

ZRAKHIEL (zaïn, resh, kheth, iod, aleph, lamed): *l'aube de Dieu* ou *Dieu est mon aube*. Nom de l'un des **KEROUVIM***, mais non mentionné dans la Bible elle-même. Alternative possible: comme pour **ZRAKHIA***, il s'agirait d'un nom magique ou angélique tiré de l'un des nombreux volumes de Kabala opérative publiés à la suite de l'apparition du Sepher Raziel en 1701.

Achevé d'imprimer
sur les presses de l'imprimerie ICN à Orthez (64)

BVCert. 6374991

pour le compte des ÉDITIONS TÉLÈTES

Septembre 2017

Octobre 2017

Dépôt légal : 3e trimestre 2013